知識ゼロからの

ニーチェ入門

竹田青嗣
Seiji Takeda

西研
Ken Nishi

藤野美奈子（画）
Minako Fujino

『曙光』
『悲劇の誕生』
『反時代的考察』
『ツァラトゥストラ』
『悦ばしき知識』
『人間的、あまりに人間的』
『反キリスト者』
『この人を見よ』
『偶像の黄昏』
『善悪の彼岸』
『道徳の系譜』
Friedrich
Wilhelm
Nietzsche

幻冬舎

はじめに――体験を黄金に変えた哲学者

この本は、マンガと文章を織りまぜながら、ニーチェ思想のエッセンスを伝えようとするものだ。まずはニーチェの生涯のマンガをみて、彼の人生を感じてほしい。

――わずか二十四歳で大学教授になる、という栄光。しかし本を書いたら学会から総スカン。体調が悪くなって大学を辞め、一人温泉町をめぐりながら売れない原稿を書く。そんななかでの恋。その女性と友人との三人の共同生活を試みるが破綻し、手痛い失恋をする……。

私たちも、「どうやって自分を立て直したらいいのか?」と問うことがある。ニーチェはこのとき、〝体験を黄金に変え、最大限に利用する〟ことを本気で試みた。〈恨み（ルサンチマン）は、人生をダメにする。どうやってルサンチマンを嚙み切って、生きる悦《よろこ》びや憧れを持ち続けられるか?〉この困難な問いをニーチェは身をもって生きた。そして『ツァラトゥストラ』を書いた。彼の言葉は、きっと皆さんのなかにしみこんでくると思う。

もう一つ。ニーチェは根っこから考えようとした、ほんものの哲学者だった。〈かつては神の観念によって、「なんのために生きるのか」の答えが与えられていた。それが滅びてしまうと、前向きな力が失われていく。そうした世界のなかで、私たちはどうやってまっすぐな憧れの力を持つことができるか?〉この問いは、人間の欲望の本性を問う独自な思想（力への意志）へと結実していく。ニーチェの思想の歩みをたどりながら、哲学の営みの意味と、そのバトンを受け継ぐことの意味とを感じてもらえれば、とてもうれしい。

著者を代表して　二〇一二年一〇月

西　研

目次

はじめに …… 1

第1章 青年ニーチェ——若きロッカー …… 9

年表 若き日のニーチェ …… 10
処女作『悲劇の誕生』から波乱の人生が始まった

まんが ーニーチェの生い立ちー かけぬけた青春 …… 12

星の愛憎物語 ワーグナーとニーチェ …… 24

【ガイダンス】二人の〈神〉との出会い
ショーペンハウアーとワーグナー …… 32

【著作案内】思想家ニーチェのスタート地点
『悲劇の誕生』と『反時代的考察』 …… 34

【思想解読】
アポロン的・ディオニュソス的
ギリシャ悲劇を生み出す力とは何だったのか？……36
苦悩や矛盾を否定せずに〝是認〟する……38
主知主義批判／ドイツ文化批判
美的ソクラテス主義を批判する……40
人間の凡庸化に抵抗せよ……42
ゲーテの人間とショーペンハウアーの人間
ニーチェの提示した三つの人間類型とは？……44
「羊のロマン主義」から「狼のロマン主義」へ……46
Break Time ニーチェと友情……48

第2章 反抗する獅子――「自由精神」の時代……49

年表 中期ニーチェの足跡……50
ワーグナーとの決裂からザロメとの出会いまで
まんが ニーチェの生い立ちII
ひとり旅と思索の日々……52

広いデコはそのままに…
ちょっとずんぐり17才
22才でこのヒゲ

まんが
恋のルサンチマン
ザロメとニーチェ……56

【ガイダンス】
世界のあらゆる矛盾を厳しく追究
中期ニーチェの思想の特色……68

【著作案内】
「シニシズム」から「力の感情」へ
『人間的、あまりに人間的』『曙光』『悦ばしき知識』……70

【思想解読】
自由精神
自由精神は一切の束縛から逃れようとする……72
プラトンを源流とする価値観の転倒を図る……74

心理家ニーチェ
アフォリズムで語った鋭い心理洞察……76
人間はなぜ「道徳的」であろうとするのか?……78

神の死
何が神を殺したのか?……80
ニヒリズムとは何を意味するのか?……82

Break Time もう一つのプロポーズ……84

第3章 ニーチェ思想の核心――ニヒリズムの克服

85

年表 代表作目白押しの5年間
『ツァラトゥストラ』執筆期のニーチェ……86

まんが 人類に贈る新しい聖書
ツァラトゥストラ……88

【著作案内】
「超人」と「永遠回帰」の書
『ツァラトゥストラ』――神なき時代の新たな思想……98

『ツァラトゥストラ』の解説書
『善悪の彼岸』――近代的道徳を徹底批判……100

最も読みやすい代表作
『道徳の系譜』――禁欲主義はなぜ生まれたのか？……102

【思想解読】
ルサンチマン
〝無力の歯ぎしり〟が、自己正当化の物語を生む……104

〝呪うこと〟も役に立つ？……106

超人と末人
人間よ、超人をめざせ！……108

安楽だけで満足できるか？……110

永遠回帰と運命愛
世界は同じ経過を永遠に繰り返す……112
人生にイエスと言う……114
貴族的価値評価法と僧侶的価値評価法
カッコ「いい」と「善い」とはちがう……116
「善悪」はすべてルサンチマンによるものか？……118
「罪（負い目）」「疚しい良心」
「罪」の概念は負債感から生まれた……120
発散できない活動的本能が、内向して自己虐待する……122
禁欲主義的理想とニヒリズム（虚無への意志）
僧侶は「負い目」を与えることで支配する……124
禁欲主義的理想は、じつは虚無《ニヒル》を求めている……126
Break Time 末人にも優しかったニーチェ……128

第4章 ニーチェ晩年——「力の思想」の可能性

……129
年表 最後の執筆から死去まで
晩年のニーチェ……130

目次

まんが ニーチェの晩年
栄光を見ずして……132

【著作案内】
哲学者人生の総まとめ
『偶像の黄昏』『反キリスト者』『この人を見よ』……138
膨大な草稿をもとに妹が編集したが……
『権力への意志』とそのもととなった遺稿集……140

【思想解読】
「力の思想」
「力の思想」は「主観-客観」図式を乗り越える……142
世界は解釈でできている……144
生理学としての「力への意志」
生理的な欲求・衝動が世界を価値づけていく……146
「力への意志」は全体主義的思想なのか?……148
価値の原理としての「力への意志」（遠近法）
「力への意志」は形而上学を破壊する……150
条件によって「力への意志」は姿を変える……152
芸術としての「力への意志」（実存の思想）
新しい価値の原理は芸術の本質に宿っている……154
ニヒリズムの突破口は恋愛と芸術にある……156

【まとめ】新しい「価値定立」の原理へ
ニーチェ哲学の現代的意義……158
Break Time 明治の熱いニーチェ……162

第5章 哲学問答——ニーチェをどう役立てるか……163

Q1 ニーチェの「超人」という理想はあまりに高すぎるように思いませんか？……164
Q2 ルサンチマンに気づいたからって、すぐに立ち直るのは難しくないですか？……166
Q3 自分の人生がものすごく苦しい人に、永遠回帰の思想って本当に通じるでしょうか？……168
Q4 神がいない世界というのは、ものすごく怖いことじゃないですか？……170
Q5 末人だらけの現代に、ニーチェ後の哲学は何を求められていますか？……172
あとがき……174
著者紹介、引用・参考文献……175

第1章 青年ニーチェ——若きロッカー

音楽は救済!!
音楽は本質!!
人生は無価値!!
ザ・ペシミズムさんでした——!!
すばらしい「意志の断念」です!!
THE P

若き日のニーチェ

0歳——32歳

❖処女作『悲劇の誕生』から波乱の人生が始まった

1844年 0歳
プロイセンのザクセン州レッケンに生まれる。

1849年 5歳
父カール・ルートヴィッヒ、死去。翌年ナウムブルクに移る。

1858年 14歳
名門プフォルタ学院に入学。寮に寄宿。ギリシャ古典の教養を重んじる人文主義的教育を受ける。

1864年 20歳
ボン大学に入学、神学と古典文献学を専攻。

1865年 21歳
ライプチヒ大学に移る。専攻を**古典文献学**に絞る。このころ、**ショーペンハウアー**(⬇p32)の**『意志と表象としての世界』**を

ニーチェの生家
父親はプロテスタントの牧師で、両親とも代々牧師の家系だった。宗教的な厳格さと女系家族的雰囲気のなかで育てられた

少年期のニーチェ
ニーチェは子供のころから神童ぶりを発揮した。ピアノや作曲、詩作にも才能を現わし、成績は抜群だった

20歳のころのニーチェ
数学だけは大の苦手で、プフォルタ学院の最終試験ではあやうく落第しかけた

ショーペンハウアー
ショーペンハウアーに夢中になっていることは、大学の恩師リッチュル教授には伝えなかった

世界の動き

1847
(仏)肖像写真撮影の営業スタジオ、パリを中心に流行

1848
(独)マルクス・エンゲルス『共産党宣言』
(米)ゴールドラッシュ始まる
(仏)二月革命
(独)三月革命

1849
(丁＊)キルケゴール『死に至る病』
(独)ドレスデンの革命、ワーグナーも参加

1851
(清)太平天国の乱(〜1864)
(英)ロンドン第一回万国博覧会

1853
(日)ペリー来航

1855
(仏)第一回パリ万国博覧会

1857
(仏)ボードレール『悪の華』
(独)ワーグナー《トリスタンとイゾルデ》作曲(〜1859)

1858
(印)ムガール帝国滅亡

1859

＊丁…デンマーク

古本屋でみつけ、読みふける。

1868年 24歳

東洋学者ヘルマン・ブロックハウスの家で、**ワーグナー**（⬇p32）**と知り合う。**

1869年 25歳

リッチュル教授の推薦により、スイスのバーゼル大学の教授となる。当時のアカデミズムにおいても異例の抜擢《ばってき》であった。

1872年 28歳

処女作『悲劇の誕生』（⬇p34）**を出版。**ワーグナーからは絶賛されるが、恩師リッチュルをはじめ、文献学界からは白眼視される。

1876年 32歳

『反時代的考察』（⬇p34）**の最終部を刊行。**このころから健康状態が極度に悪化。大学を休職。第一回バイロイト祝祭劇場でワーグナーの《ニーベルングの指環《ゆびわ》》を鑑賞するものの、いたく失望し、途中で劇場を去る。

ワーグナー
《トリスタンとイゾルデ》と《ニュルンベルクのマイスタージンガー》の前奏曲を聴いてワーグナーの音楽に心酔

バーゼル大学
1460年に設立されたスイス最古の大学。心理学者ユングが卒業した大学としても知られる

GEBURT DER TRAGÖDIE
処女作
『悲劇の誕生』

ニーチェ32歳までの足跡

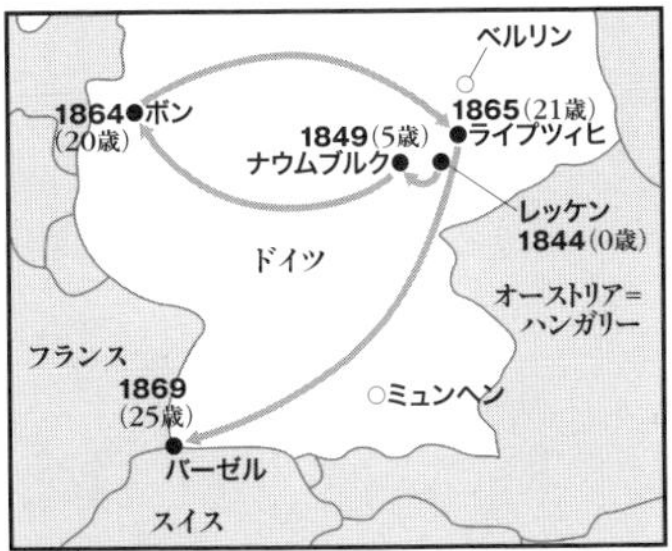
ベルリン
1864●ボン
(20歳)
1865(21歳)●ライプツィヒ
1849(5歳)
ナウムブルク●
レッケン
1844(0歳)
ドイツ
オーストリア＝
ハンガリー
フランス
1869
(25歳)
●バーゼル
○ミュンヘン
スイス

1861 （英）ダーウィン『種の起源』

1862 （米）南北戦争（〜1865）

1863 （独）宰相ビスマルク鉄血演説

（米）大統領リンカーンが黒人奴隷解放宣言

1866 （露）ドストエフスキー『罪と罰』

1868 （日）明治維新

1869 （独）ドイツ社会民主労働党創立

1870 普仏戦争（〜1871）

1871 （仏）パリ＝コミューン、成立

（独）ドイツ帝国、成立

1877 （米）エジソンが蓄音機を発明

かけぬけた青春

ニーチェの生い立ちⅠ

※誕生〜24歳※

藤野美奈子※作

諸説あるものは書簡などをもとに藤野の解釈で作らせて頂きました
ちょっとずんぐり17才
広いデコはそのままに……
22才でこのヒゲ
ほぎゃみみゃ
カーン
カーン
カーン…
1844年10月5日の朝——プロイセン（現在のドイツ）の田舎町レッケンにニーチェは牧師の長男として生まれた
ああめでたい…国王陛下誕生の祝いの鐘の中生まれるとは…王と同じ名の「フリードリヒ」をいただこうよフランツィスカ
かんげき屋
ええあなた
若い母親（18歳）も牧師の娘であった当時のドイツでは牧師は知識階級である
父のカールは教養がありピアノが大変上手な好人物だったがニーチェが5歳になる直前脳軟化症で他界（36歳）
ニーチェはのちに「このような父を持ったことは大きな特権だった」と言ってます
半年後——生まれて2年足らずの弟ヨーゼフが病死
うう……
妹、エリーザベト
その後まもなくしてニーチェ一家はナウムブルクの小さなアパートに引っ越す
ニーチェにとっては「街の窮屈な住まい」であった そして家族は女性ばかり
伯母
伯母
母
祖母
メイド
妹→
……

ニーチェはナウムブルクの
市立小学校に通った
学校ではだいぶ浮いていたらしい
こんなエピソードがある
↑急などしゃぶり
ママ ちょうど下校時間よ
お兄ちゃま大丈夫かしら
あ!
ママ…あれお兄ちゃま!?
石板
ハンカチ
ゆうぜん…
バシャバシャ
うわーっ ぬれちゃうよーっ
フリッツ!!(ニーチェの愛称)
風邪をひくでしょ
びしょぬれじゃないのっ
だって母さま
校則に「児童は放課後 飛んだり走ったりしてはいけない。騒がずおとなしく帰宅せよ」とあるよ
このコ6歳よね…
たら〜…
何か?
学校でついた
あだ名は
「小さい牧師」――
小学校になじめなかったニーチェはすぐ私塾に移る
(良家の子弟は私塾が一般的)
そこでやっと友だちができた
そーい連合軍め
そーいロシアめ
バーン
ピンダーとクルーク両者ともおぼっちゃま
彼らとはその後
ギムナジウムも
(10歳から入学)
一緒であった
ピンダーは
ニーチェのことを
「遊びの大将」と
思っていたそうだ
新ルールを作ったんだ
こっちの方がおもしろいよ
君って天才だなあ
ニーチェはどんどん
遊びを考案しては
それを1冊のノートに
まとめていたらしい
兄さまステキ♡
「オリンポスの神々」の劇を作ったり…
しかし一方でニーチェは
「じゃまされないでひとり
気ままにできるときが
一番楽しかった」そうだ
↑ニーチェ12才の時の自伝より

雷雨が好きだ …畏敬の念に ふるえてしまう
詩を書こう
曲も浮かんだ…
ニーチェは 孤独を愛し 詩や音楽を愛し
そしてきわめて 勤勉な少年だった
毎晩 深夜まで お勉強
カリ カリ…
家族の期待どおり 立派な牧師に なるためである
生まれつき ド近眼で 頭痛持ち
あたた
これさえ なければな
その甲斐あって 成績は常にトップ!!
14歳のとき ついに ニーチェが憧れていた 名門ギムナジウムの プフォルタ学院に 奨学生として 招かれることに!!
バリッ
まあまあ プフォルタの 制服が 似合うこと
兄さまは わが家の 誇りよ
女たちの期待を 一身に受けて ニーチェがとびこんだ その学び舎《や》は
カンカン
朝5時の 起床の鐘
朝から晩まで 男子だらけ 規則だらけ
授業 何時から?
7時から! でも6時 から自習!
その前に お祈り だろ? 朝食は?
全寮制って うるさい ……
勉強も生活態度も スパルタ式に厳しく 鍛えられたため ニーチェはたまらず ホームシックに
しょっちゅう 手紙
ママ!! リーズベト!! (妹の愛称)
休暇が 待ち遠しいよ!

そんなとき 救ってくれたのはやはり田舎の男子である
幼なじみのピンダーとクルーク
フリッツ 土・日のたびに帰って来てない?
プフォルタつまんないんだもの…
それに歩いて2時間の距離だし…
この3人で結成した「ゲルマニア」という文化サークルがすごかった
会の発展と友情をちかって
乾杯〜!
みなで買ったぶどう酒
毎月 論文・詩・曲を提出しあい 互いに正直に批評しあう 会費を出しあって本や楽譜を買う
なんと当時のニューウェーブ系の音楽雑誌を定期購入し ブレイク前だったワーグナーの《トリスタンとイゾルデ》の楽譜を手に入れている
クルーク!! 弾いてみたけどこの曲最高!!
でしょ? でも楽譜高かったね
おかげで会は財政難だよ——
ここで発表したニーチェの論文がこれまたすごい
たとえばニーチェ18歳作「運命と歴史」より
「キリスト教全体はいくつかの仮定にもとづき、神の存在・不死・聖書の権威・霊感その他のものはいつまでも問題であり続けるであろうことを民衆がはじめて理解したときには、さらに大きな転覆が迫ってくる。私は右にあげたすべてのものを否定しようと試みた。だがとりこわすのはやさしいが建築となると! とりこわしたとしてもみかけほどやさしくないのだ」
すでに生涯のテーマが顔を出している…
「ゲルマニア」は16歳から約3年間続いたが主にニーチェが中心だった
提出がおくれてるぞ
勉強忙しいし…
2人は息切れぎみ

一方 プフォルタでは古典文学や語学を徹底的にたたきこまれニーチェは確実に学問の基礎をかためた
なんとか「君《きみ》」と呼び合う友人もできる
牧師の息子ドイセン
君 またラテン語トップだね
でも数学はからきしさ
ところで君今度うちに遊びに来いよ
次の休暇で?
うん! 教会の堅信礼《けんしんれい》にいっしょに出よう!
僕らは友情同盟を結んだ仲だから!
ニーチェの交友関係は常に「狭く深く」であるそしておおむねニーチェがリーダーだった
ぼくStreber(ガリ勉)にだけはなりたくないんだ 君もペダンティックな学者のようになるなよ
わかってるさ
自分がリードできない友人をニーチェは作れなかったのかもしれない
ある日 そんな内気な自分の殻を破ってみたかったのか
街でそう親しくない友人と酒を飲み先生に見つかって席次を落とされ後悔している
このころのニーチェは「いいコ」を卒業しようとしていたようだ
フラフラ
しかし相変わらず成績はバツグン!!(数学以外)
教師もびっくりするような論文を書いてプフォルタを卒業する
卒業のころの写真
ニーチェは家族の期待どおりボン大学の神学部へ入学
ところが…
行きたくないったら行きたくない

罪深いことを言わないでおくれフリッツ
僕は行かない
原因は教会の行事（聖餐《せいさん》式）の参加を拒んだことだった
休暇から帰ったニーチェはかねて決めていたとおり専攻を文献学に変えてしまった
フー
大学生になってヒゲはやしました
衝動的なボクを緻密な文献学はいい具合に抑制してくれる…
ヘンなロマンがないところもいい
一生の仕事にするかはわからんが…
さあ細かい年号の照合をするぞ!!
ニーチェは文献学を「自分の動揺を抑える文鎮《ぶんちん》」と言っている
ロマン主義に陥りがちな自分のストッパーとしての学問だ
なんてストイックな動機…
このころニーチェは「音楽家になる夢」も持っていたらしい
部屋には賃貸ピアノをおきコンサートや劇に通ったおかげで借金するほどの金欠だった
だってプフォルタではまったく自由がなかったもの
ぼくは大学を謳歌《おうか》するぞ
～♪
かねて憧れだった学生組合「フランコーニア」にも入会してみた
バンカラなムード
わははプフォルタか飲め飲め
ドイツはビールだぞおぼっちゃま
ニーチェ行きまーす
女の子たちとのダンスパーティや
深夜まで飲みあかし食堂のイスで寝込んだり
朝だよー
ささ
命がけの学生決闘までしてみたが

まったく性に合わなかったらしい
ビール ビール ビール!
それしかないのか あいつらは!! もっと思想があるかと思ったっ
どよーん
会員たちも くそまじめな ニーチェのことを 「狂ったためんどり」 とあだ名して 評価は低かった
こんなところは もう去りたい
1年間 いったい 何をして たんだ ぼくは…
ちょうどボン大学から 師のリッチュル教授が ライプチヒ大に移ったしな 友人のゲルスドルフも いるし…よし
ブツブツ
ぼくは逃げる! こんなところから…
何ひとつ いいことなんか なかった ボンくらな街!
ドイセン→
そうして ニーチェは ライプチヒ大学に 移る
ボン大学に… そしてたぶん 自分にも 失望して…
大学生活って こんなものなのか…
もっと充実したい… でも確固とした信条も ないし…
あいつらビールが信条 だったな ほんと腹立たしい
けっこう根にもっていた→
ライプチヒに 引っ越したばかりの ニーチェは 宙ぶらりんな 気持ちだった
うろうろ
ここで 「今、幸せですか? アンケートよろしく!!」と 笑顔で話しかけられたら うっかりもってかれそうな 状態である
そんなときだった
ローン爺の古本屋
ショーペンハウアー 『意志と表象として の世界』…か
知らない 本だ

この本を持って帰れ
・・・
衝動買いしちゃったな
慎重派のぼくとしたことが
どんなデーモンがぼくにささやいたことやら
パラパラ
ドクン
ドクン
「意志の自己自身との確執」
「自己超克」
ドクン
な……何…この冷徹さ…なのに熱い…
孤独で徹底的な観察者の目……
「生は肯定するに値しない」…？
ドクン
この目《まなこ》の前では自分が鏡のように映し出されてしまう……
ああ…あなたの太陽のような目に比べたらぼくの認識なんて甘くて…ハンパで…あきらめきれてなくて……うぬぼれで……!!
ショーペンハウアー!!
あなたこそ本物の哲学者だ!!

世界は合理的な因果律ではつかめない!! つかもうとする「生の意志」があるだけだ!
音楽だけが世界を直接表象する
そのとおりだ すべてそのとおりだ ショーペンハウアー
意志の断念のための禁欲!
自己超克
よし ぼくは「純粋な意志なき認識」まで自分を高めるぞ!!
うんと簡単に言えば
ニーチェは自己啓発された
いいかい君たち安易に幸福を望む俗物になるなよ!!
人生の苦悩や悲しみを乗り越えたいときこそわが師ショーペンハウアーの「意志の断念」だ!
そしてすぐ友人たちに啓蒙してまわった
ストイック〜
その後 友人たちの間で ショーペンハウアー用語が飛びかう
そのころ周囲の状況も好転 友人もできて 学問の方も充実してきた
君たち精鋭で「文献学研究会」を作りたまえ
ニーチェを高くかってる リッチュル教授
はい!
はい!
研究会メンバーの写真である
これでも大学生です
左端がニーチェ 前列右端は「双子」と言われるほどニーチェといつも一緒にいた親友ローデ

研究会でニーチェは高度な論文を発表する
すばらしい！本にすべきだ
→結局、有名な学会誌にのる（学生としては異例）
そんなぶっちぎりなニーチェと唯一対等な友だったのが好青年ローデだ
ローデ！大学の顕賞論文がやっとできた!! 見てくれ!!
来ると思ってワイン用意して待ってたよ！今日は〆切り日だったろ？
完成おめでとうニーチェ！
じーん…
ローデ…♥
一時期2人は常に一緒だった
ニーチェはローデを「ぼくの運命の伴侶」と言い　ローデは「共感の血管が2人の仲でかち合った」と言っている
しかしここでもニーチェは「与える」側だった ローデは「自分は理解するだけ」だが「ニーチェは孤高に創造できる友」だと尊敬している
君ピアノもすばらしいね ニーチェ…とてもかなわない
「ニーチェの孤独」は天才ゆえの運命かもしれない
大学4年（23歳）の秋 ローデがキール大学に移ったのと同時期 ニーチェは兵役についた
ローデがそばにいなくなってさびしい 兵役ならイマだよね
当時定番の記念写真
（ニーチェは数年後に看護兵として志願し普仏戦争に短期間従軍しているが当時のドイツとしてはごく普通のことだったようだ）

兵役は予想外にしんどかったようで朝から晩まで大砲みがきやら馬のお世話をしていたが…
せっせ
またもや友だちひとりもできないし…
訓練もキツイ……
つらさのあまり馬の腹にかくれて
ショーペンハウアー助けてくれ…
とグチったり
……!
帰宅してショーペンハウアーの肖像画にいやされたり
ああ…顔見るとホッとする
そんなイマイチの気合だったせいか落馬して胸の骨を損傷し1年の兵役を半年で終了
うわーっ!
…!!
馬に乗ろうとして落ちた
兄さまプフォルタで体育苦手だったものね…
黙れ
イテテ…
半年間療養してようやっと復学
馬から落ちたニーチェだが大学ではラッキーが待っていた
え!? ボクが教授に!?
そうだ…今度バーゼル大に空きが出てね君を強くおしておいたよこんな優秀な学生は見たことないって
で…でも
ぼくは学位も取ってませんし教授の資格試験も受けてませんし…
特例だよ君は大学の懸賞論文も優勝してるバーゼル市も認めるだろう
♪ ♪
フラ フラ…

ニーチェは うれしさのあまり ワーグナーの 《タンホイザー》を 歌いながら そこいらじゅうを 歩き回ったそうだ
ああ これからは 月給もらえるし 安心して勉学に いそしめる
フフ…ついに 職業学者の 俗物になるのか… 許してくれローデ
ニーチェ24歳の春―― 晴れてバーゼル大学の 教授になる
住まいは 大喜びの 母と妹から 届けられた 家具や 調度品で 埋まった
レンタルピアノの 上には花が飾られ まるで女の子の 部屋のようだった らしい
ニーチェも バリッと決めて スイスの田舎町 バーゼルをかっぽ
だれ？
新しい 教授先生よ
若！
明るいグレーのシルクハット
（全体にシブいおしゃれ）
散歩杖
流行の布製のくつ
かなり めだっていた らしい
若い教授は 社交界で 歓迎された
ピアノが お上手 とか… ぜひ
よろ こんで
礼儀正しい ニーチェは 好印象を 与えたが
やはりここでも 暴走ぎみ なのであった…
バーン
ガガーン
ガーン
集中
いつ終わるの…？

ワーグナーとニーチェ

星の愛憎物語

※24歳〜32歳※

出会ったころの2人です

ニーチェ　24歳

身長 174cm（中肉中背）

好きな言葉「自己超克」

尊敬する人

「ショーペンハウアー」

ピュアでシャイ

自分大好き

リヒャルト・ワーグナー　55歳

身長 150cm未満（かなり小柄）

好きな言葉「音楽による魂《たましい》の救済」

尊敬する人「ショーペンハウアー」

野心家でモテモテ

自分大好き

大学生時代のニーチェの趣味はコンサート通い
当時レコードがないので曲は劇場で聴くしかなかった
スコア
やっぱりワーグナーの《トリスタンとイゾルデ》はいいなあ　《マイスタージンガー》も!!　新しいよ
「ワルキューレ」はちょっと評価が分かれるけど…
一度ワーグナーと会ってみたいものだ…むりかな…
「ゲルマニア」で初めて知ったときとちがってワーグナーは流行作曲家になっていた
しかしワーグナーの音楽は保守派の人々からは「自堕落な芸術」と毛嫌いされていて
私のサロンでワーグナーの曲などよして
——と卒倒した夫人がいたほど
うーん…
ニーチェも母が嫌うため自宅では弾けず…
ワーグナーの私生活がハデでスキャンダラスなことも反感の原因だろうな…
ルードヴィヒ二世と恋仲のうわさもあるボクは気にならないが…

ワーグナーは常識とは無縁な生活をしていた
バツイチ前妻は女優
ぜいたくな趣味
妊娠中
内縁の妻コジマ30歳（フランツ・リストと愛人の伯爵夫人との娘）夫とは現在離婚調停中
ワーグナーとの子供（夫との子供も2人いる）
夫はワーグナー楽団の指揮者
バイエルン国王ルードヴィヒ二世
きまじめなニーチェとは別世界にいたワーグナーだったが　ある偶然の縁が2人を結ぶ
ワーグナーの姉さんとニーチェの師であるリッチュル教授の奥さんが友だち同士だったのである
おしのびでライプチヒの姉の家に来たワーグナー
あら…ワーグナーさん私その曲知ってますわ《マイスタージンガー》ね
リッチュル教授夫人
この曲はライプチヒではまだ知られていないはずですがね
主人の教え子のニーチェさんが教えてくださったんです「私のマイスタージンガー」と言って　たいそう熱心に…
ほう…その学生にぜひ会ってみたいな
かくしてニーチェはその家の夕食に招かれることに！
興奮したニーチェははりきって夜会服を超特急でこしらえる
当日夕方ギリギリで仕上がってきたが…
ああ早くしてくれ！今夜は大事な用なのだ
ん！ピッタリだな帰っていいよ

あのォ…お代と引きかえです
は？　ツケにしてよ今持ち合わせないよ
じゃ持って帰ります
そりゃ困る今いるんだ
ダメです！ぬいでください親方にしかられます
あ！　ばか何をする！
よこせこの
おまえらみんな復讐してやる～～っ
↑ほんとに言った
シャツ1枚↑
ドラマチックな幕開けの夜であった
ライプチヒはどしゃぶりの雨――
うわっはっはっは
あの指揮者ときたら!!
もっと!!もっと情熱的に!!
ホホホホそっくり
歌手のマネもできるぞ!!あらゆるパートを歌ってみましょうかみなさま
ニーチェいつもの黒い服↓
その晩ワーグナーはニーチェを魅了
なんて情熱的で愉快な人なんだ
ドキドキ
まるで火のような人だな…
そして何よりもニーチェの魂をふるわせたのは

ショーペンハウアーは音楽の本質をちゃんと認識しているただひとりの哲学者だと思うね 私は…
はうっ
ところでニーチェ君！ 君は私の音楽のどこがいいと思うのかい？
ぜひくわしく教えてくれたまえ
しつこく聞いたらしい
はい…あの…先生の曲はドイツ音楽の未来かと
ワーグナーはニーチェを気に入り「いつでも私の別荘においで」と招待する
バーゼル大に近いトリープシェンの湖畔に建っていた
半年後 バーゼル大学の教授になったニーチェがおそるおそる訪ねると大歓迎されて交際が始まる
ニーチェはそこでVIP待遇だった 2階にふた部屋を与えられて いつでも泊まっていい状態に…
ワーグナーはニーチェを時に「私のニーチェ」と呼んで大切にした
ニーチェも文化的でアーティスティックなワーグナー夫妻との交際を心から楽しんだ
おそらくワーグナーはニーチェに「自信」をもらっていたのだろう 俗な芸術家と言われた彼にはニーチェの学問に裏打ちされた鋭く好意的な批評が力になったはずだ
クリスマスの飾りつけを手伝ったり夫妻のおつかいを頼まれたりしていた
教授…あとであなたの芸術論について議論しましょうね

ニーチェも　天才と敬う
ワーグナーに信頼されて
自信と夢を得ていた
「今こそあなたは文献学が何のためにあるのかを書くべきで　そして偉大な〈ルネサンス〉を実現すべく私を助けてほしい」
「プラトンがホメロスを抱擁し、プラトンの理念に満たされてさらに偉大なホメロスになるように」
ワーグナーの手紙
ああ先生…お互いに刺激しあってルネサンスを起こしましょう
私は文献学界に一石を投じよう!!
これが「生きた文献学」の本だ!!
ニーチェ27歳の1月
初著書『音楽の精神からの悲劇の誕生』出版
学問界よ
さあどうだ!
ぼくはどんな批判も受けて立つ
あ…れ…?
しーん…
バーゼル大の同僚たち
リッチュル教授も当惑…
「知より芸術が上」というのはちょっと…
これじゃ酔っ払いのたわごとだ…
それもそのはず
ニーチェはこの本で
文献学者たちを
知識ばかりの俗物たちと
上から目線で批判
キリスト教道徳も批判
ある文献学者を
個人攻撃までしていた
文献学は芸術に奉仕すべきだ!
今は彼!!
そして学問の書というより
個性的な音楽論であり
しかもワーグナーをモーツァルトや
ベートーベンと同格に並べて絶賛

学問界はニーチェを許さなかった…若手のホープとして期待し優遇したぶん失望も大きかったのだ
本は「ただのワーグナー崇拝の書で　知識もまちがいだらけ」と酷評されニーチェの評判は失墜
わあああっ
私が「悲劇の誕生」にーっ
新学期のニーチェの教室はガラ空き
がらーん
うそ!! ぼくの講義人気あったのに
「私に死刑を下す点では万人が一致しています」
心折れたニーチェの手紙より
一方ワーグナーは元気いっぱい
いやーすばらしい本だ
パチパチ
ニーチェ教授君にはこれからますます助けてもらうよ
今ね　私の作品専用の劇場の建設計画が着々と進んでいる
場所は田舎町のバイロイト!! 「期間限定で演奏する町の祭典」を考えてるんだ…
これは現在の音楽での街おこし、「フジロック」などにも通じる企画だ
ワーグナーは天才的なイベンターでもあった
名づけて「バイロイト音楽祭」
ヨーロッパ中の目ききの観客を相手にする質の高い祭りだよ
今までのオペラ金ピカ様式じゃなくて
センス抜群のスケールのでっかい劇場で
俳優は容姿も役に合わせて

ニーチェは
ワーグナーの企画に
賛同し　教授をやめて
手伝ってもいいとさえ
考えた
…
しかしワーグナーが
バイロイト近郊の
豪邸（ルードヴィヒ
国王からの贈り物）に
引っ越して
資金ぐりに奔走する
ようになると
しだいに歩調が
あわなくなる
ぜひワーグナー友の会にご入会を
あ　公爵夫人　こちらへ
…まるで興行師のようだ
トリープシェンの時代はよかったな
近かったし…
最近体調もすぐれないし
また招待を断ってしまった
ワーグナーの機嫌をそこねたらどうしよう
かなりびくびくしていた
それでも
ワーグナーの
信頼は厚く
友よ　あなたの新作を早く読みたい!!
光栄です
ニーチェもそれに
こたえようと
資金集めの
広告文を書いたりしていた
もやもやしたまま
バイロイト音楽祭の
日がやってくる
ルードヴィヒ王の莫大な援助で実現
バイロイトは
おしよせた
観客たちで
大騒ぎとなった
アハハ
どいたどいた
どいたどいた
レストランどこも満ぱいよ
宿代や食事代が
はねあがり
馬車やチケットは
ぼったくり料金
皇族・貴族・セレブ
高級娼婦《しょうふ》まで
入りみだれて
街中が
バブリーに
盛りあがった

しかしひとりだけ はげしく 盛りさがってる 男がいた
ワーグナー…… この下品な喧騒は 何なのだろう……
確かに劇場… ハコは立派だ… 半地下の オーケストラ BOXもいい
だが俳優も… 舞台も曲も… すべてが大げさで 芝居がかって見える
君はいつから キリスト教的な 理想を曲に託す ようになった… ああ暗くて 手元のスコアが 見えない
「ニーベルングの指環」の 試演中
ぼくは…もう 失礼する… 気分が悪い ここは私たちの 愛する ギリシャ悲劇から 遠すぎる…
ワーグナー家では 上流階級の接待が 繰り広げられていて ニーチェはそこでも 失望したらしい
大忙しの夫妻
トリープシェンの ときのように 手厚くもてなされ なかったのだ
…
ニーチェは2年後に 『人間的、あまりに人間的』で ワーグナーを酷評した 驚いたワーグナー夫妻は ニーチェの手紙を処分
ニーチェは傷つく 自分から決別した にもかかわらず… だがニーチェは 死ぬまでワーグナーとの 思い出を宝のように 大切にしたのだった
ワーグナー。 目的地は ちがったけれど 君とは今も 「星の友情」を 結んでいると 信じている…
トリープシェンでの ワーグナーとの 輝く日々は 生涯ニーチェの 「生きた証」だった ようだ

二人の〈神〉との出会い

ショーペンハウアーとワーグナー

ショーペンハウアーに自らの心情を映し出した鏡を見る

誰しも青年期には自分にとっての「神」とも呼べる存在をもつ。ニーチェの場合、それはショーペンハウアーとワーグナーだった。

ショーペンハウアーは、主著**『意志と表象としての世界』**でこう語っている。「社会の発展や歴史の進歩といった理想を高々と唱える連中（代表格はヘーゲル）がいるが、彼らの言い分はまったく嘘くさい。社会や歴史がいくら発展しても、一人ひとりの抱える生はいつでも逃れようのない困難と苦しみに満ちている。なぜなら、この世界の根本をなすのは、人間のあずかり知らない**不条理で盲目的な意志**（「生への意志」）だからだ」と。

しかし、こうした悲観的な考え方（ペシミズム）を基調としつつも、芸術、なかでも音楽はすばらしい、と彼は言う。**人間の生は苦悩に満ちたものだが、芸術はいっときこの苦悩から人間を解放してくれる**。ひとは音楽を聴いているときだけは苦しみを忘れ、すばらしい陶酔した世界に浸ることができるのだ、と。

当時、鬱々とした日々を送っていた青年ニーチェは、この本に「世界と人生と自らの心情を驚くばかりに映し出した鏡」を見たのだった。

新たな表現形式を創造したワーグナーへの共感

一方、**ニーチェはワーグナーの音楽に、ショーペンハウアー哲学の具体的な響きを聴くこととなる**。もともとピアノが得意な音楽青年だったニーチェにとって、ワーグナーは英雄的な存在だった。ニーチェはそのワーグナー本人に会う機会にめぐまれ、以後、二人は年齢差を超えて、音楽や芸術についての強い共感を抱きあう仲となる。

ワーグナーは自分のオペラを「楽劇」と呼び、この新たな表現形式の創造が、芸術のみならず、広くは文化一般のあり方をも変革するような実践となることをめざしていた。ニーチェはこのワーグナーの活動に深く共鳴し、彼の芸術のなかに古代ギリシャの精神の再生を思い描こうとするのである。

音楽で結びついた3人のペシミスト

音楽は救済!!
音楽は本質!!
人生は無価値!!
ザ・ペシミズムさんでした――!!
すばらしい「意志の断念」です!!
THE P

アルトゥル・ショーペンハウアー
1788―1860

ドイツの哲学者。主著の『意志と表象としての世界』で、世界は「苦悩」に満ちているとし、そこからの芸術的・倫理的解脱を説いた。アフォリズム的な文体によるエッセイでも知られる。

略歴

1788　ダンツィヒに生まれる
1819　『意志と表象としての世界』を完成、ベルリン大学講師の地位を得る
1851　随想集『パレルガ』完成。イギリス、ドイツで熱狂的支持を受ける
1860　死去

リヒャルト・ワーグナー
1813―1883

ドイツを代表する作曲家。演劇・音楽・美術・文学を融合させた「楽劇」を創始。歌劇《ローエングリン》、楽劇《トリスタンとイゾルデ》《ニーベルングの指環》(4部作)、《パルジファル》。

略歴

1813　ライプチヒに生まれる
1864　バイエルン国王ルードヴィヒ2世から宮廷に招待される
1874　『ニーベルングの指環』完成
1876　バイロイト祝祭劇場完成
1883　ヴェネツィアへの旅行中に死去

思想家ニーチェのスタート地点

『悲劇の誕生』と『反時代的考察』

ワーグナーの楽劇こそギリシャ悲劇の精神を甦《よみがえ》らせる

ニーチェの古典文献学者としてのキャリアの歩み出しはじつに輝かしかった。けれども、ショーペンハウアーの哲学とワーグナーの芸術に「ほんもの」を見出していた彼は、心のなかでは厳密で実証的な文献研究にあきたらないものを感じていた。そうした自身の思いを勢いよく解き放ったものが、処女作の『**音楽の精神からの悲劇の誕生**』である。

この本は、ギリシャ悲劇の本質を解き明かすことをテーマとしており、ニーチェの学者としての古典研究が生かされている。けれども、その本当の意図は、**ショーペンハウアー哲学の枠組みを使って、あるべき真の芸術や文化についての持論を主張**する点にあった。

ニーチェによれば、**ギリシャ悲劇の精髄は、苦悩に満ちた人間の生を積極的に肯定する点にある**のであり、この悲劇の精神を現在において甦らせようとするものこそ、ワーグナーの楽劇にほかならないのである。

文化革命の書『反時代的考察』

続く二作目の『**反時代的考察**』は、別々に発表した四つの論文（「ダーヴィット・シュトラウス、告白者と著述家」「生に対する歴史の利害」「教育者としてのショーペンハウアー」「バイロイトにおけるリヒャルト・ワーグナー」）からなるが、同書を貫くモチーフは、同時代のドイツ文化への批判を通して来たるべき文化への改革をうながそう、というものである。

第一論文では時代に迎合する知識人たちが「教養俗物」として批判される。第二論文では、**歴史を学問研究の素材として扱うだけで、そこから私たちの生に役立つ知を得ようとしない「歴史主義」が糾弾される**。第三、第四論文では、すでに見たような、ニーチェのショーペンハウアー、ワーグナー体験が語られる。

こうして、ニーチェはショーペンハウアーとワーグナーからの影響を色濃く受けつつも、独自の思想家としての歩みをスタートしたのである。

『悲劇の誕生』のテーマ

ギリシャ悲劇の本質とは何だ？

ショーペンハウアーの哲学

世界の根本は盲目的な意志の現われ

だから

人生は苦しいのが当然なのだ！

宗教や芸術による救済が重要
【なかでも音楽はすばらしい】

ワーグナーの楽劇

これぞギリシャ悲劇の現代版！

「悲劇」は苦悩や矛盾に満ちた人間の生を是認するのだ

理解が深まるニーチェの言葉

『トリスタンとイゾルデ』の第3幕を、言葉や比喩の助けをいっさい借りないで、純粋に巨大な交響楽の楽章として感受できるような人で、あらゆる魂の翼をけいれん的に張りひろげたあげく絶息しないような人間を想像できるかどうか。（『悲劇の誕生』）

解説 ニーチェはワーグナーの音楽のなかでも『トリスタンとイゾルデ』を最高傑作と考え、次のようにも言っている。「わたしは今もなおあの『トリスタン』と同じように危険な魅惑をもち、同じように戦慄をさそって、しかも甘美な無限性をもつ作品を、見出すことはできない——あらゆる芸術の中にそれを探したが見出すことはできない」（『この人を見よ』）

テーマ　アポロン的・ディオニュソス的――❶

ギリシャ悲劇を生み出す力とは何だったのか？

ニーチェの言葉

かくして、ディオニュソス的なるものが侵入して来るところ、そこには至るところ、アポロン的なるものは解消され否定された。

（『悲劇の誕生』）

ギリシャ悲劇とは？

神話や伝説を題材にした、不合理で沈痛な物語を特徴とする。仮面をつけた俳優と合唱隊（コーラス）によって演じられる。

三大悲劇作家

エウリピデス
（前485ころ～前406）

ソフォクレス
（前496ころ～前406）

アイスキュロス
（前525ころ～前456ころ）

主な作品

エウリピデス	ソフォクレス	アイスキュロス
『メデイア』	『オイディプス王』	『プロメテウス』
『アンドロマケ』	『アンティゴネー』	『オレステイア三部作』
『トロイアの女』	『エレクトラ』	『アガメムノン』

『悲劇の誕生』は、彼の青春期の二人の「神」、**ショーペンハウアーとワーグナー体験の結実**という趣をもつ。その内実をひとことで言えば、次のようになる。「現代ドイツに真の芸術的天才が現われた。それこそワーグナーである。ワーグナーの音楽が体現するのは〈ギリシャ悲劇〉の精髄にほかならない。ではこの〈悲劇〉とはどういう概念か？」。

ニーチェはギリシャ文化の進みゆきを、ホメロスからドーリス（ドーリア）芸術*1、さらにアッティカ*2悲劇という道程として描き、その上で、それを支える根本の要素として、ここに、よく知られた**「アポロン的――ディオニュソス的」という対立概念を導入**する。

ギリシャの神アポロンが象徴するのは、「美しい形象」を夢見る能力、つまり、美を、抽象的な理念とし

＊1　ドーリス芸術……荘厳さや力強さを特徴とする芸術様式
＊2　アッティカ……アテネを中心とした地方の名称

「アポロン的なもの」と「ディオニュソス的なもの」

陶酔の神ディオニュソス
フィーバーッ♥
育てれば、いい「悲劇」のダンサーになるやもしれぬ…
理性的な神アポロン

てではなく、具体的な姿や形として形成する能力である。それは美を一個の形に「個体化」する力だ。だから**アポロンは芸術の神**でもある。これに対して、酒と**酩酊《めいてい》の神であるディオニュソス**は、狂躁《きょうそう》的で、我を忘れた陶酔のエロス的力を体現する。

アポロン的なものが「形象化」「個別化」「理性化」であるのに対して、ディオニュソス的なものは「陶酔」「狂躁」「忘我」「一体性」を象徴する。言い換えれば、**アポロン的なものが、カオスを秩序づけて、個別的な像へともたらす原理だとすると、ディオニュソス的なものは、秩序以前の混沌へ回帰しようとする根源力を意味する。**

つまり、ニーチェは、これまでアポロン的側面から理解されていたギリシャ文化に、この二つの要素を導入することで、その動きを大きなダイナミズムとして捉えてみせたのだ。

彼は**ギリシャ的「悲劇」の概念を、アポロン的なものと、ディオニュソス的なものの高次の統合として示す。**そしてそれを体現するのがアイスキュロスの悲劇『プロメテウス』である。

苦悩や矛盾を否定せずに〝是認〟する

テーマ
アポロン的・ディオニュソス的――❷

ニーチェの言葉

さればアイスキュロス的なプロメテウスの二重性質、ディオニュソス的にして同時にアポロン的な彼の性質は、概念的な定式としては次のように表現できよう、「存在するものはすべて、正当でありまた正当でない、そして両者ともに同等の権利がある」。

（『悲劇の誕生』）

ニーチェの『プロメテウス』解釈

神々から火を盗み、人間に与えるプロメテウス

↓ 火＝文明

2つの考え方

①文明は、人間に新しい欲望を与えるため、争いのもとになる
②文明が新しい矛盾や争いをもたらすとしてもそれを是認すべきだ

縛られたプロメテウス
（ギュスターヴ・モロー）

アイスキュロスの『プロメテウス』は②を示しているのだ

先に見たように、ギリシャ文化は、ホメロスの叙事詩から出てアッティカのギリシャ悲劇でその頂点を迎えるが、それを象徴するのが**アイスキュロスの悲劇『プロメテウス』**だ。よく知られているように、プロメテウスは神々の世界から「火」を盗んで人間に与える。この行為は神々への冒瀆《ぼうとく》であり、そのため、ゼウスから、毎日禿鷹《はげたか》に肝臓をついばまれるという恐ろしい罰を受けることになる。

アイスキュロスには、一方で強く「正義を求める」アポロン的傾向もある。しかし**ここで彼は、プロメテウスの行為を、人間の過ちと罪を、そしてそこから生**

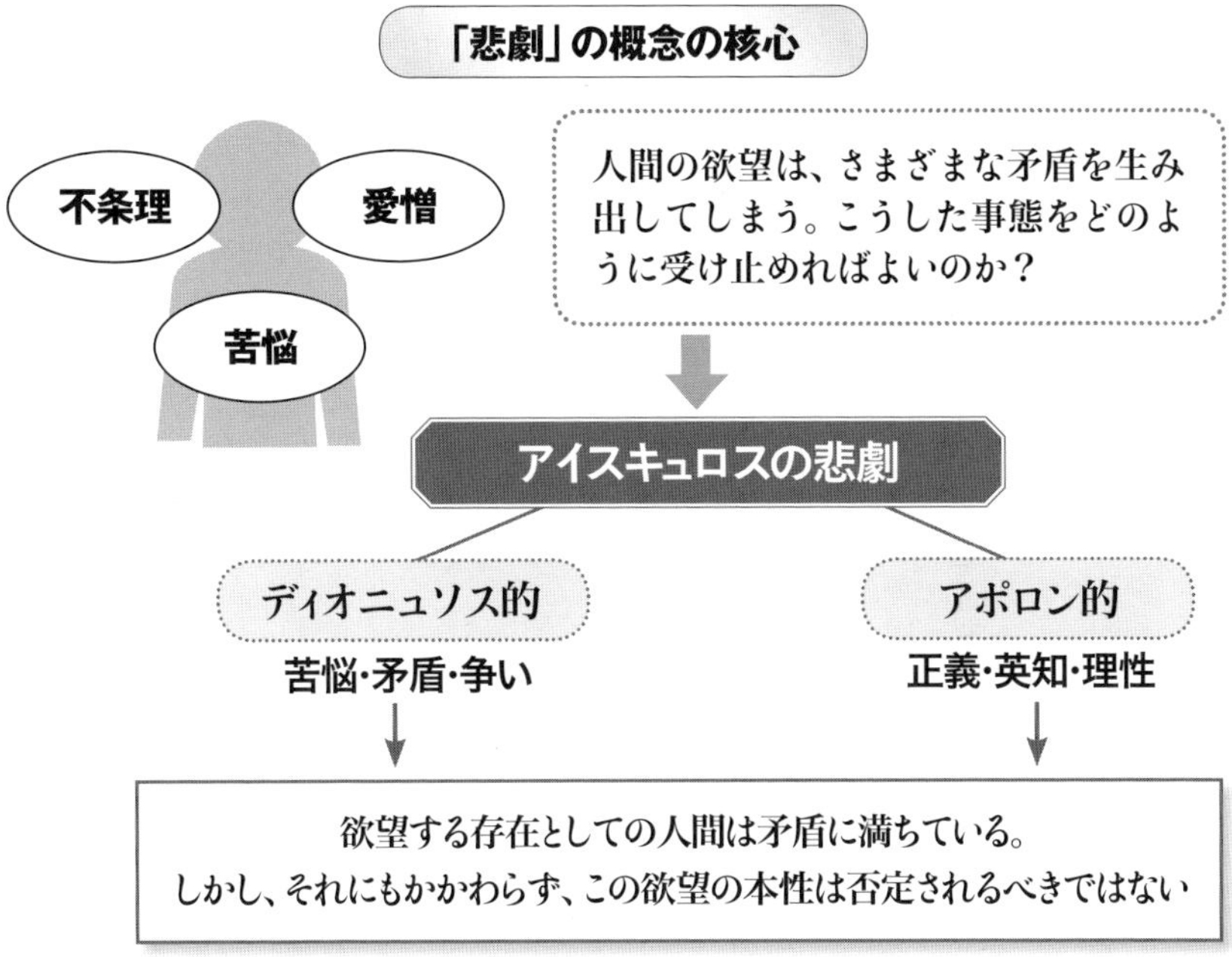
「悲劇」の概念の核心
不条理
愛憎
苦悩
人間の欲望は、さまざまな矛盾を生み出してしまう。こうした事態をどのように受け止めればよいのか？
アイスキュロスの悲劇
ディオニュソス的
苦悩・矛盾・争い
アポロン的
正義・英知・理性
欲望する存在としての人間は矛盾に満ちている。
しかし、それにもかかわらず、この欲望の本性は否定されるべきではない

じる苦悩をも〝是認〟するような「能動的な罪」として描いた、とニーチェは言う。

プロメテウスは英雄だが、大きな悪を打ち倒して「正義」を実現する勝利者としての英雄ではない。むしろ、**人間の「根源的な矛盾を我が身にひき受けて」没落する存在、**としての英雄である。ここに**アポロン的なものとディオニュソス的なもののすぐれた融合**があり、またこの点にギリシャ悲劇の本質がある、とされる。

ニーチェの思想的ライバルであるハイデガーは、『技術論』で、近代が、自然を「徴発」*する人間中心主義の性格をもつ点を強く批判した。たしかに近代社会では、人間の自由と欲望が解放されるから、それらは互いにせめぎあって大きな矛盾を生み出す。そこで批判思想は、しばしばこれに対立的立場をとる。反近代が叫ばれ、欲望は悪であり、禁欲こそ善である、ということが強調される。

だが、ニーチェ的な観点からは、こういう思考は矛盾をいかに克服するかではなく、それをただ〝打ち消そう〟とする反動形態だ、ということになるのだ。

＊徴発……強制的に取り立てること

美的ソクラテス主義を批判する

テーマ 主知主義批判／ドイツ文化批判 ❶

ニーチェの言葉

「徳とは知である。無知からのみ罪は犯されるのである。有徳なる者は幸福なる者である」というソクラテスの諸命題は、何人も知るところである。楽観主義のこの三つの根本形式のなかに、悲観主義的な悲劇の死が宿っている。

（講演「ソクラテスと悲劇」）

美的ソクラテス主義がギリシャ悲劇を滅ぼした

エウリピデスの悲劇

「美であるためには、すべてが理知的でなければならない」という美的ソクラテス主義にもとづく作風

×

ソフォクレスやアイスキュロスの悲劇

ディオニュソス的原理にもとづいて、人間の反理性的、非合理的なあり方を描いている

エウリピデスは、ソクラテスという理知のダイモン（魔神）を持ち込むことで、生の矛盾と苦悩を象徴するディオニュソス神を殺したのだ

ニーチェの主知主義批判のキーワードは、**「美的ソクラテス主義」**。これは、プラトンの『饗宴《きょうえん》』に出てくる有名なエロス論（恋愛論）の帰結だ。

プラトンでは、「恋（エロース）の正しい道」は次のようなプロセスをとる。人間の恋心（エロース）は、肉体の美↓人間美質↓美しい営み（芸術など）↓あらゆる「美しいもの」についての知識をへて、最後に「美のイデア」（美の本体）への希求へといたる。

ニーチェは、こういうソクラテス＝プラトンの考えを批判する。**美的ソクラテス主義の最高の原則は、「美に到達するには、理知的でなくてはならない」という点にある。**ソクラテス的ディアレクティーク（対話法）も同じで、ここには、**理**

ニーチェによるソクラテス批判

ソクラテス=プラトンの考え

どこかに、それ自体として独立した「真理」が存在し、理性と認識によってそこに到達できる

ヨーロッパ的理性の出発点

真理主義

「合理的な思考を積み重ねていけば、真理に到達できる」という考え方は迷妄だ

ソクラテス

理論的楽天主義

知識と論理によって死を克服した人間として、ヨーロッパに「理論的楽天主義」をもたらした

ニーチェの反=理性主義、反=合理主義、反=真理主義

性の正しい推論によって必ず真理へ到達することができる、という「妄想的信念」がある。

さらに、ソクラテスは**自分の思想の正しさに従って自ら死を受け入れたはじめての人間だった。**つまり、ソクラテスは、知識と論理によって死に対する「真理」の優位を証明した哲学者として登場したのだが、**そのソクラテスが「理論的楽天主義者の原像」となり、ヨーロッパにはびこってしまったことに、ヨーロッパ的理性の大きな誤りの出発点があった、**とニーチェは言うのだ。

どこかに、それ自体として独立した「真理」が存在し、それは理性と認識によって必ず到達されるものであること。これはのちにキリスト教的世界像の暗黙の信念ともなるが、じつはこの観念のうちに、ヨーロッパ的思想の根本性格が潜んでいる、と。

ただ注意したいのは、**ニーチェのこの主知主義批判は、「理性」に「感性」を対置する「反理性」主義でも、どんな確実な認識も存在しないという単なる「相対主義」でもない**という点だ。のちに詳しく説明するが、この反真理主義は、ニーチェの独創的な認識理論、つまり**「力の思想」**から来ているということを、よく覚えておこう。

テーマ 主知主義批判／ドイツ文化批判 ❷

人間の凡庸化に抵抗せよ

ニーチェの言葉

この考察も反時代的である、なぜなら、私は、時代が正当に誇りとしている或るもの、すなわち時代の歴史的教養をここではっきりと時代の害悪、疾病、欠乏として理解しようと試みるから(略)である。

（『反時代的考察』）

『反時代的考察』の時代背景

ロマン主義の挫折

ドイツ三月革命（1848年）

フランスの二月革命の影響を受け、自由・憲法・統一を求めて、民衆が蜂起

ドイツ三月革命

↓

挫折

↓

現実主義の出現

ドイツ帝国成立（1871年）

王権と国家主義による近代的発展

ヴェルサイユ宮殿鏡の間でドイツ皇帝即位を布告するヴィルヘルム1世

少し時代を遡《さかのぼ》ろう。一八四八年（ニーチェ四歳）、フランスで共和制をめざす二月革命が起こると、その影響はたちまちドイツに波及する。ドイツでもこれに呼応して、**自由と統一を求めて三月革命が起こるが、これは失敗に終わり、ドイツ知識人たちの「理想」は挫折する。**

その後ドイツは、ヴィルヘルム一世とビスマルクのコンビで近代国家としての発展をめざし、普墺《ふおう》戦争と普仏戦争の二つの勝利によって、一躍ヨーロッパの強国として台頭する。『反時代的考察』が書かれるのはそのすぐあとだ。

ドイツにおける新しい国家主義（ナショナリズム）。キリスト教の堕落とその国家主義との癒着。ドイツ文化の営利主義、教養主義、俗物主義。ニーチェは、これら時代の熱狂的なドイツ文化の高まりは、文化の本質を忘れ去って

ニーチェが攻撃するドイツ文化の特質

① 愚かな国家主義の台頭
② キリスト教の堕落とその国家主義との癒着
③ 文化の営利主義・教養主義・俗物主義
④ 形式上の「美」だけの追求

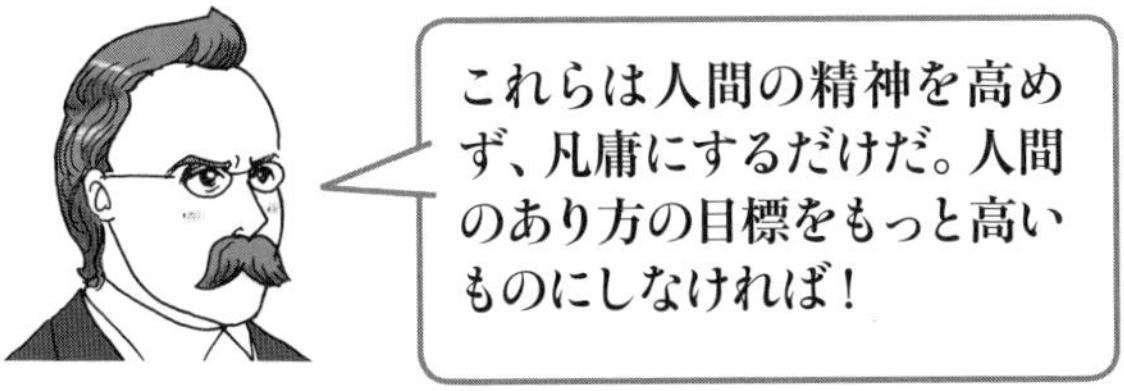
これらは人間の精神を高めず、凡庸にするだけだ。人間のあり方の目標をもっと高いものにしなければ！

Modus vivendi.
ローマ教皇レオ13世とビスマルクの和解を皮肉った挿絵

いると、痛烈に批判した。

人々は、新しいドイツのめざましい発展に大きな希望を見出していたのだから、ニーチェの批判は、まさしく〝反時代的〟なものだった。しかもニーチェの主張は、なかなか分かりやすくない。彼によると、**文化の真の課題は、真の「哲学者、芸術家、聖者」を生み出すことにあり、これこそ人類の唯一の課題でもある、**というのだ。これは一見、個々の人間ではなく、より高い人間の範例（モデル）を作り出すことが大事、という全体主義的な臭いのする言い方だ。

だが、ニーチェはまたこうも言っている。問題はなにより、「個人としての汝《なんじ》の生が最高の価値を保つのは如何《いか》にしてか」である、と。つまり、**ニーチェは、ドイツ文化の現状に、革命的ロマンの〝反動〟として現われた、人間を平均化し虚弱にする〝現代の病〟を見てとっている。**

三月革命とその挫折、そしてその反動としてのドイツ・ナショナリズムは、当時のドイツのインテリにとっての時代精神でもあり、またその思想の試金石でもあった。ニーチェがこれをどう通過したかは、次のショーペンハウアー論によく示されている。

テーマ ゲーテの人間とショーペンハウアーの人間――❶

ニーチェの提示した三つの人間類型とは？

ニーチェの言葉

ゲーテの人間はそれほど世界を脅《おびや》かす力をもたない。それどころか、ある意味では、ルソーの人間が身を投じるあの危険な興奮の矯正策であり鎮静剤である。

(『反時代的考察』)

ショーペンハウアー『意志と表象としての世界』

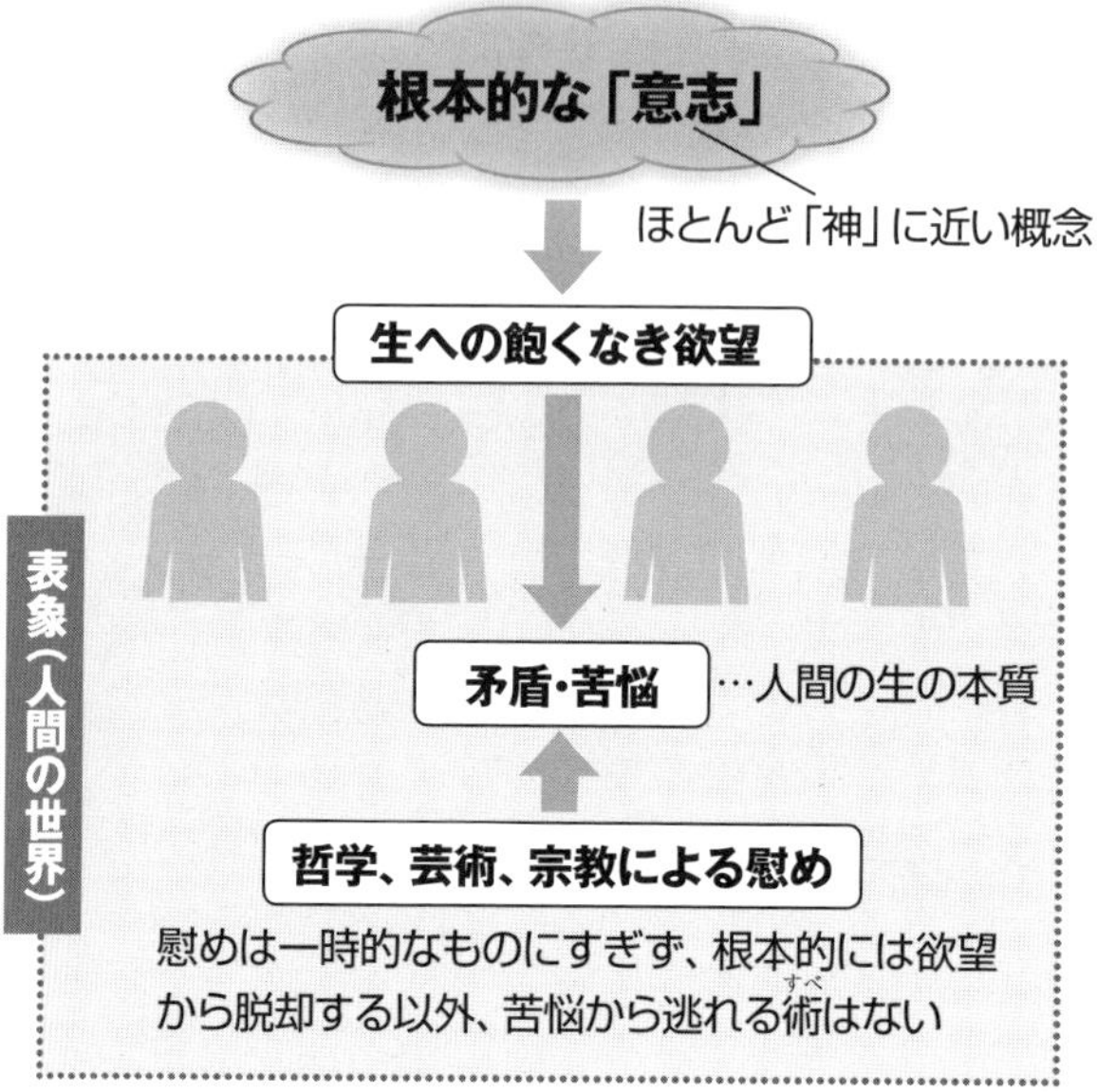
根本的な「意志」
ほとんど「神」に近い概念
生への飽くなき欲望
表象（人間の世界）
矛盾・苦悩
…人間の生の本質
哲学、芸術、宗教による慰め
慰めは一時的なものにすぎず、根本的には欲望から脱却する以外、苦悩から逃れる術《すべ》はない

ワーグナーと並んで若きニーチェの神、ショーペンハウアーの主著は『**意志と表象としての世界**』。その主張は、**人間の生の本質は「苦悩」である**、というものだ。「人間の本質は不安である」というキルケゴール。「死の哲学」のハイデガー。彼らは、キリスト教という巨大な礎を失った近代の不安な実存哲学の代表三人衆と言える。ショーペンハウアーによれば、**人間は生の本質としての「苦悩」を克服することはできない。ただそれは慰撫《いぶ》することができるだけで、哲学、芸術、宗教がその役割を果たす**。ニーチェははじめこの思想に傾倒したが、徐々にショーペンハウアーの厭世《えんせい》哲学から離陸してゆく。

さて、『反時代的考察』で、ニーチェは、近代人の

近代の生を照らす根本的な類型

ルソー

ゲーテ

ルソーの人間＝過激なロマン主義

自然こそが善である、自然に帰れ

理想の世界に強烈に憧れ、現実を否認するため、革命への情熱を噴出

↓

ゲーテの人間＝過激なロマンの鎮静者

現実と理想を調停させる力をもつ

一歩退いて世界を眺める態度をもつため、現実に妥協して、俗物となる可能性もある

↓

ショーペンハウアーの人間

生を照らす根本的な類型として、三つの人間像があると言う。**「ルソーの人間、ゲーテの人間、最後にショーペンハウアーの人間である」**。

まず、**ルソーが「自然に帰れ」、自然こそが善だと叫ぶとき、この人間は、自分自身を超え出たものに強く〝憧れている〟**。現実の否認と理想への強烈な憧れがルソーの人間の特質であり、それはしばしば革命への情熱として噴出する。

次にゲーテの人間。彼は、ルソー的な激しいロマン主義を経験しているが、その情熱の激しさが現実から乖離《かいり》したものであることを知っており、そのため、そこから一歩退いて世界を「観想」する態度をとる。**ゲーテの人間は、過剰なロマンの「鎮静者」として現実と理想を調停する力をもつ。しかし、しばしば現実に妥協して俗物となる可能性ももっている。**

この素朴で純粋なロマン主義と、それを経験した後で現われる現実主義《リアリズム》とは、時代の新しい理想の中を生きる近代の若きインテリの典型的な道すじである。しかしニーチェは、ここで最後の切り札として、**「ショーペンハウアーの人間」という新しい類型を提示する。**

テーマ ゲーテの人間とショーペンハウアーの人間──❷

「羊のロマン主義」から「狼のロマン主義」へ

ニーチェの言葉

ショーペンハウアー的人間は誠実という自発的苦悩をみずからに負い、そしてこの苦悩はこの人間にとって（略）、己れの本質のあの完全な変革と転倒を準備することに役立つ。

（『反時代的考察』）

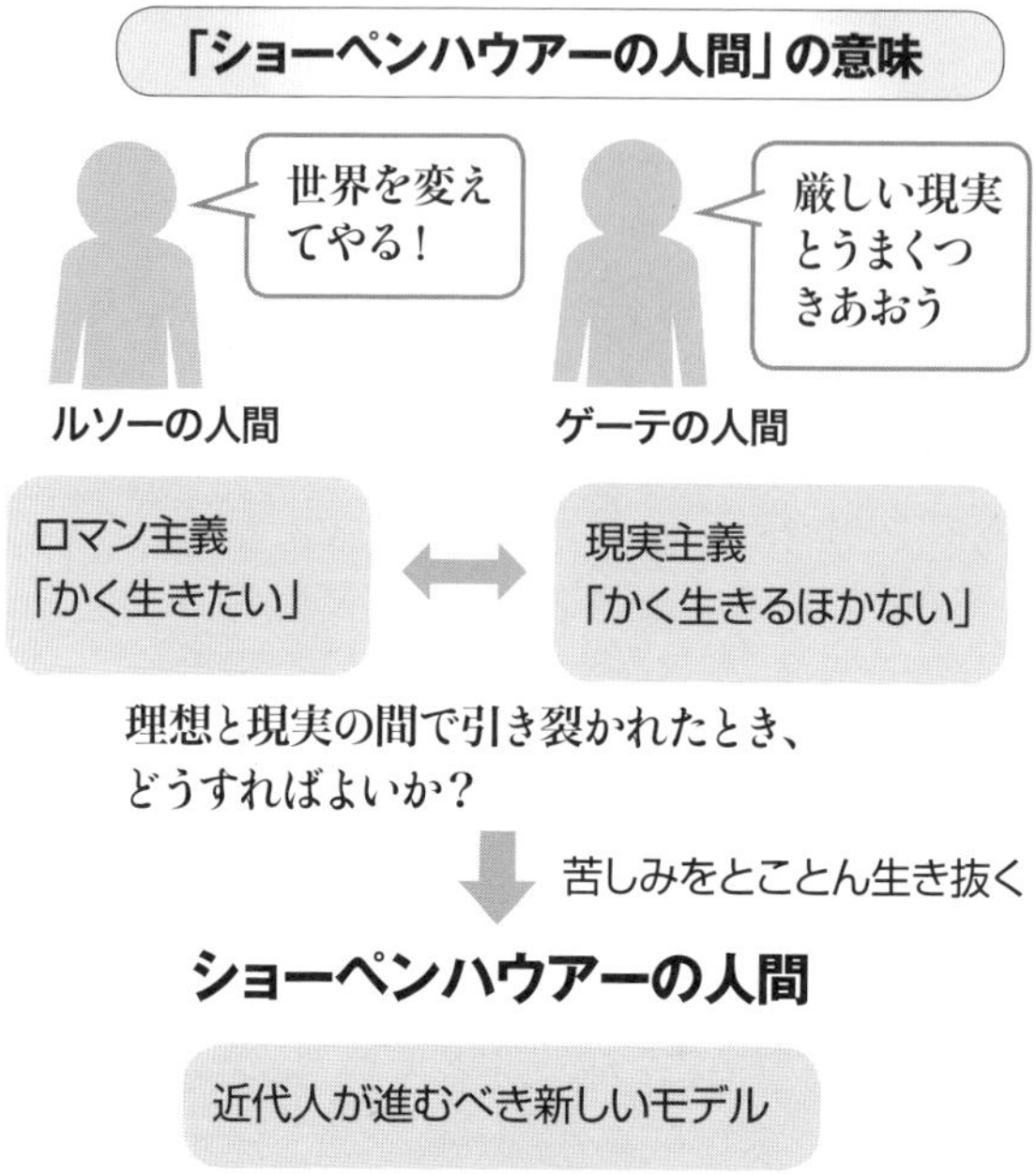
「ショーペンハウアーの人間」の意味
世界を変えてやる！
厳しい現実とうまくつきあおう
ルソーの人間
ゲーテの人間
ロマン主義
「かく生きたい」
現実主義
「かく生きるほかない」
理想と現実の間で引き裂かれたとき、どうすればよいか？
苦しみをとことん生き抜く
ショーペンハウアーの人間
近代人が進むべき新しいモデル

ルソーとゲーテの人間は、青年の「**ロマン主義**」と「**現実主義**」の対立を象徴する。**ロマン主義は「かく生きたい」という希求だが、現実主義は「かく生きるほかない」という断念である。**

ルソーの人間は、理想の世界＝善、現実の世界＝悪、という極端な対立を思い描く。だが、ゲーテの人間は、理想と現実を調停する智恵をもつ者、つまり、理想の挫折を知るだけでなく、理想がそのまま実現されないことの理由を深く理解する者、を意味する。

さて、ニーチェはショーペンハウアーのうちに何を見出したか。**「ショーペンハウアー的人間は誠実という自発的苦悩をみずからに負い、そしてこの苦悩はこの人間にとって**（略）**、己れの本質のあの完全な変革と**

ニーチェ流「狼のロマン主義」

ショーペンハウアー

ショーペンハウアー的人間
＝ゲーテ的人間＋「誠実」の能力

単に観想するだけではなく、人間や世界の抱える赤裸々な矛盾を認識しながら、生の本来の意味を確認する人間

↓

「われわれはより善くなるために一度本当に悪《あ》しくなることが必要である。そしてこのためにショーペンハウアー的人間像がわれわれを鼓舞してくれるはずである」　（『反時代的考察』）

狼のロマン主義

転倒を準備することに役立つ」（『反時代的考察』）。

ゲーテは、人間のロマンや理想の情熱を知っているが、ロマン主義の未熟さについても知悉《ちしつ》している。だから、大人の態度で聡明でバランスある生活の知恵へと進むが、現実を変えることはできない。

これに対して、**ショーペンハウアーは、理想と現実を"調停"するのではなく、むしろその間で引き裂かれる苦しみをとことん生きた、**とニーチェは言う。のちにニーチェは、ショーペンハウアーを超えて進むが、ここでは**彼の哲学的苦悩のうちに、理想と現実に引き裂かれた近代人が進むべき、新しいモデルを見出そうとしている。**

近代社会では、どんな人間も自分独自の理想やロマンを形成して生きる。だから、ロマン（理想）と現実の間で引き裂かれることは、誰もがぶつかる精神の普遍的難所なのだ。若きニーチェは、ロマン主義の擁護でもまたその調停でもない彼の独自の道を模索して進んだが、これを私は、「羊のロマン主義」に対して**「狼のロマン主義」**と呼びたい。つまり弱き者のロマン主義ではなく、強き精神のロマン主義である。

Break Time ニーチェと友情

ニーチェにとって友情は何よりも大切。一生を通じて、女性とまともに交際した経験がないニーチェにとっては友情こそが最も美的な人間関係の形だったと言えます。常に女っけなしだったため、30代に「ホモセクシュアルでは？」と噂がたったほどでした。

「僕のいちばん好きな用事、つまり僕の友人たちと精神的な対話を続けること」（23歳　高校と大学の同僚ゲルスドルフへの手紙）

「とうてい信じられぬほどの気持ちで僕は君を恋しく思っているのだ」（25歳　大学の同僚ローデへの手紙）

情熱的に友情を求める一方で、相手がニーチェの求める条件にそぐわなければバッサリはねつけます。たとえばゲルスドルフがニーチェの早い出世に少しばかり嫉妬の情を見せたとき、いきなり絶交状を送り、ゲルスドルフを慌てさせています。

ニーチェが生涯にわたって理想とした友情は、ワーグナーとの友情でした。お互いが星として輝き、出会って親しく輝き合ったとしても、それぞれは別々の軌道を進む、そんな自律した「星の友情」。

現実には、ワーグナーとは苦い別れ方をし、晩年はほとんどの友だちとも疎遠になりました。本来は人を愛したいのに、理想が高くなれあいを許さないニーチェが少し潔癖すぎたのかもしれません。また、ニーチェは友だちによって態度を変えています。学友の前ではかなり高圧的なリーダー格。仕事仲間に対してはわりあい謙虚な好人物。ワーグナーにはへりくだった弟子のよう。相手の年齢と尊敬度によって自然にそうなったようです。結局、病気になったニーチェを助けたのは長くおだやかな関係が続いていた仕事仲間たちでした。

第2章

反抗する獅子——「自由精神」の時代

中期ニーチェの足跡

34歳——38歳

❖ワーグナーとの決裂からザロメとの出会いまで

1878年

34歳

1月、ワーグナーからオペラ《パルジファル》(「舞台神聖祝祭劇」)の脚本が贈られる。

4月、『**人間的、あまりに人間的**』(➡p70)刊行。

激しくワーグナーを批判し、二人の決裂が決定的になる。

1879年

35歳

3月、『さまざまな意見と箴言《しんげん》』刊行。

6月、かねての病気のため、**バーゼル大学の教授職を辞任**、年金生活の身に。以降、療養のため、夏はスイスのアルプスで、冬はイタリアやフランスで過ごすようになる。

9月、ナウムブルクに戻り療養、さらに健康状態の悪化が進む。

12月、『漂泊者とその影』刊行。

1880年

36歳

夏季はマリーエンバートに、冬季はジェノヴァに滞在。

《パルジファル》第3幕のステージ
キリスト教的な救済を描いたこの作品に、ニーチェは幻滅した

『人間的、あまりに人間的』
世界に対する幻滅感、否定的な考え方に満ちている

シルス・マリア(1889年)
ニーチェが毎年のように訪れた

【世界の動き】

1877
(日)東京大学設立
露土戦争(~1878)

1878
(日)西南戦争で西郷隆盛敗北
自由民権運動・国会開設運動開始
(独)ビスマルクの保護関税政策
ベルリン会議(露土戦争を調整)

1879
(米)エジソン、白熱電球を発明
(独)自由貿易主義放棄(農・工業品を保護)
独・墺同盟締結
(米)イーストマン、写真フィルムの製造に成功
(仏)ラ・マルセイエーズ、フランスの国歌となる
(露)ドストエフスキー『カラマーゾフの兄弟』

1880
(日)国会開設のための国会

1881年
37歳

6月、『**曙光**』(⬇p70)刊行。

7月、スイス東南部の寒村シルス・マリアに滞在。

ニーチェはこの場所が非常に気に入り、以後、毎年のように訪れる。

8月、シルヴァプラナ湖畔で、その後のニーチェの中核的な思想となる「**永遠回帰**」(⬇p112・114)のインスピレーションを得る。

1882年
38歳

4月、友人**パウル・レー**を介して、ローマで**ルー・ザロメ**(⬇p56)と知り合い、即座に求婚するが、その場で拒否される。

5月、再びザロメに求婚するが、拒絶される。

6月、ルー、レー、ニーチェの三人で共同生活をする計画を立てる。

9月、『**悦《よろこ》ばしき知識**』(⬇p70)刊行。

「永遠回帰」のインスピレーションを得たといわれるピラミッド状の石

パウル・レー
ニーチェと知り合ったのは1873年。哲学を研究したのち、医師となった

ルー・ザロメ
のちにリルケと恋愛し、フロイトに師事して精神分析家としても活躍した

中期ニーチェ関連地図

オランダ
ベルギー
1879(35歳)
ナウムブルク
ドイツ
1880(36歳)
マリーエンバート
1881(37歳)
シルヴァプラナ
フランス
バーゼル
スイス
シルス・マリア
オーストリア=ハンガリー
1880(36歳)
ジェノヴァ
「永遠回帰」のインスピレーションを得る
1882(38歳)
ローマ
ルー・ザロメと出会う

期成同盟発足
(独)エンゲルス『空想から科学へ』
(米)ベル、電話会社設立
(仏)オッフェンバック歌劇「ホフマン物語」初演

1881
独・墺・露三帝協商成立
(日)国会開設の詔
(露)アレクサンドル二世暗殺
(米)ボストン交響楽団設立

1882
(英)エジプト占領
独・墺・伊三国同盟成立
(独)コッホ、結核菌を発見
ワーグナー《パルジファル》初演(バイロイト祝祭劇場)

ひとり旅と思索の日々

ニーチェの生い立ちⅡ

※33歳〜36歳※

馬車と列車で旅してました
ニーチェ33歳のとき出版した『人間的、あまりに人間的』が多少話題になった
ワーグナーの悪口が書いてある
へぇ
しかしこの本以降　ニーチェの本はあまり注目されなくなる
そのころからニーチェの体調は急激に悪化
ううう
視力の低下　はげしい頭痛　吐き気　胃腸不全…　発作で気を失うこともあった
父さんは36歳で死んだんだよな…
時々　妹エリーザベトが助けに来てくれたが　まわりはニーチェに結婚をすすめた　友人たちも次々と結婚したため　ニーチェもその気に…
マイゼンブーク婦人
あなたは体が弱いしお金持ちの女性がいいわね　理想は？
そうですね　ぼくの面倒みてくれて　かわいくて　知的で若くて　お金持ちかな
いないわよそんなん…
しかし　すぐに現実味がないと　あきらめてしまったようだ
体調悪化が　はげしく　それどころでは　なかったのかも　しれない
下宿を訪ねた友人が「その見るからにみじめな姿に心が痛んだ」と言ってます

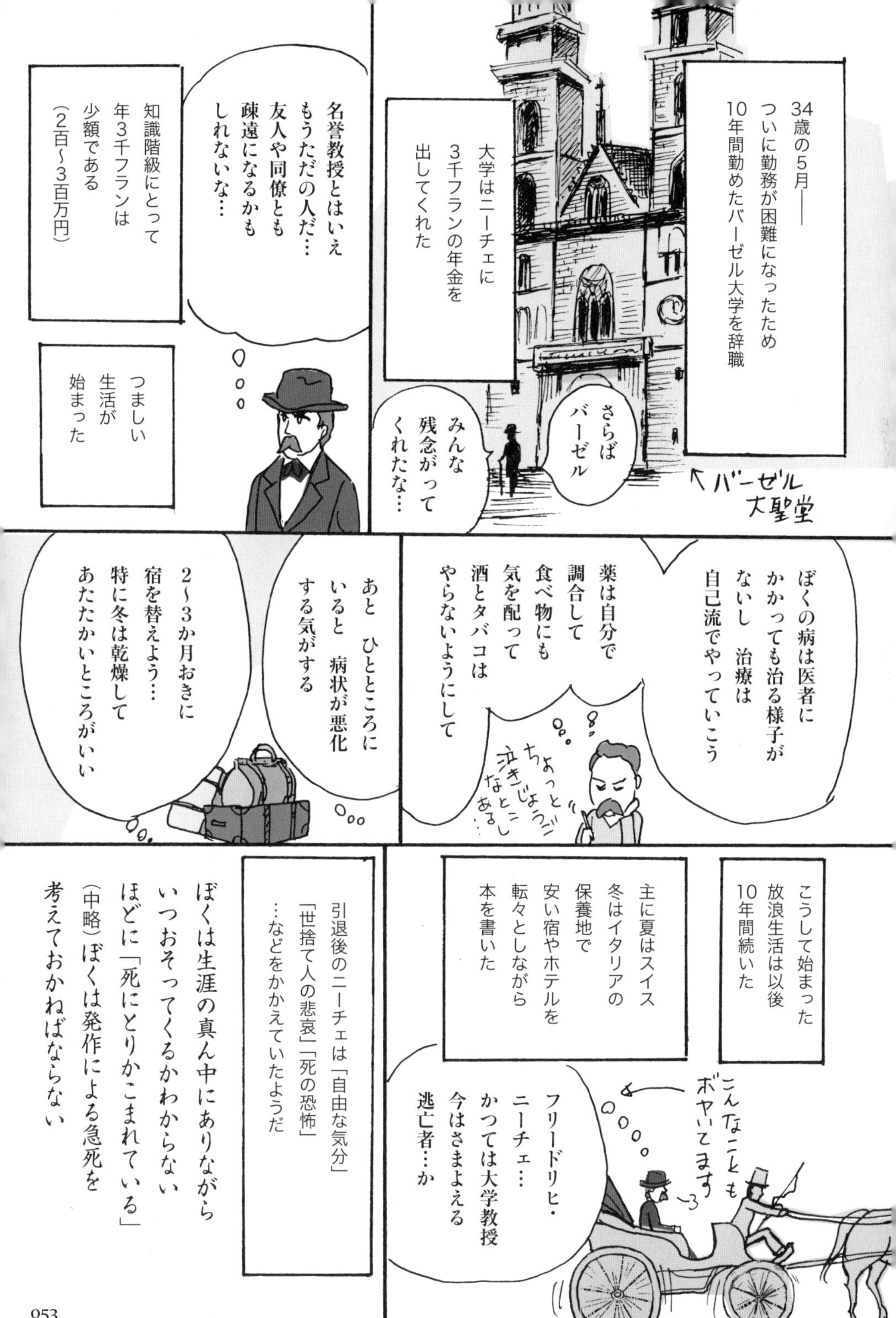
34歳の5月――
ついに勤務が困難になったため
10年間勤めたバーゼル大学を辞職
大学はニーチェに
3千フランの年金を
出してくれた
さらば
バーゼル
みんな
残念がって
くれたな…
↑バーゼル
大聖堂
名誉教授とはいえ
もうただの人だ…
友人や同僚とも
疎遠になるかも
しれないな…
知識階級にとって
年3千フランは
少額である
(2百~3百万円)
つましい
生活が
始まった
ぼくの病は医者に
かかっても治る様子が
ないし　治療は
自己流でやっていこう
薬は自分で
調合して
食べ物にも
気を配って
酒とタバコは
やらないようにして
ちょっと
泣きじょうごな
とこ
あるし
あと　ひとところに
いると　病状が悪化
する気がする
2~3か月おきに
宿を替えよう…
特に冬は乾燥して
あたたかいところがいい
こうして始まった
放浪生活は以後
10年間続いた
主に夏はスイス
冬はイタリアの
保養地で
安い宿やホテルを
転々としながら
本を書いた
フリードリヒ・
ニーチェ…
かつては大学教授
今はさまよえる
逃亡者…か
こんなことも
ボヤいてます
引退後のニーチェは「自由な気分」
「世捨て人の悲哀」「死の恐怖」
…などをかかえていたようだ
ぼくは生涯の真ん中にありながら
いつおそってくるかわからない
ほどに「死にとりかこまれている」
(中略)ぼくは発作による急死を
考えておかねばならない

（中略）僕は僕の人生に対する試験をすでに済ませてしまった。（中略）人間どもはみんなここ数年間に「僕に腹を立て」しかもそのことを僕に感づかせることをはばかりもしなかったのだから。
↑友人の手紙です
このころ　論文も評判が悪く
古い友ともソリが合わなく
なっていて　少々世間ギライ気味
代わりに年下で
ニーチェファンの
ペーター・ガストと
パウル・レーと
仲良くなった
『悲劇の誕生』すごいっす
雑用なら
ボクに!!
ガスト
レー
彼らは友というより
弟分に近かったが…
あなたと会えて
光栄です
36歳の夏　スイスの
シルツ・マリーア（現地の発音）を
大変気に入り　以後は毎年
そこで過ごすようになる
上高地をさらに雄大にしたようなところ
この土地
ピンと来た
ニーチェが借りたのは
簡素な宿の一室
（現在　ニーチェ記念館）
暗い部屋には
最低限の
家具だけだ
食事もココア
紅茶　ビスケット
パン　ハムなど
質素
ランチは近くの
そまつなホテル
「アルペンローゼ」で
カツレツなどを
食べた
パリ
ニーチェは
手が
はっとするほど
キレイでした

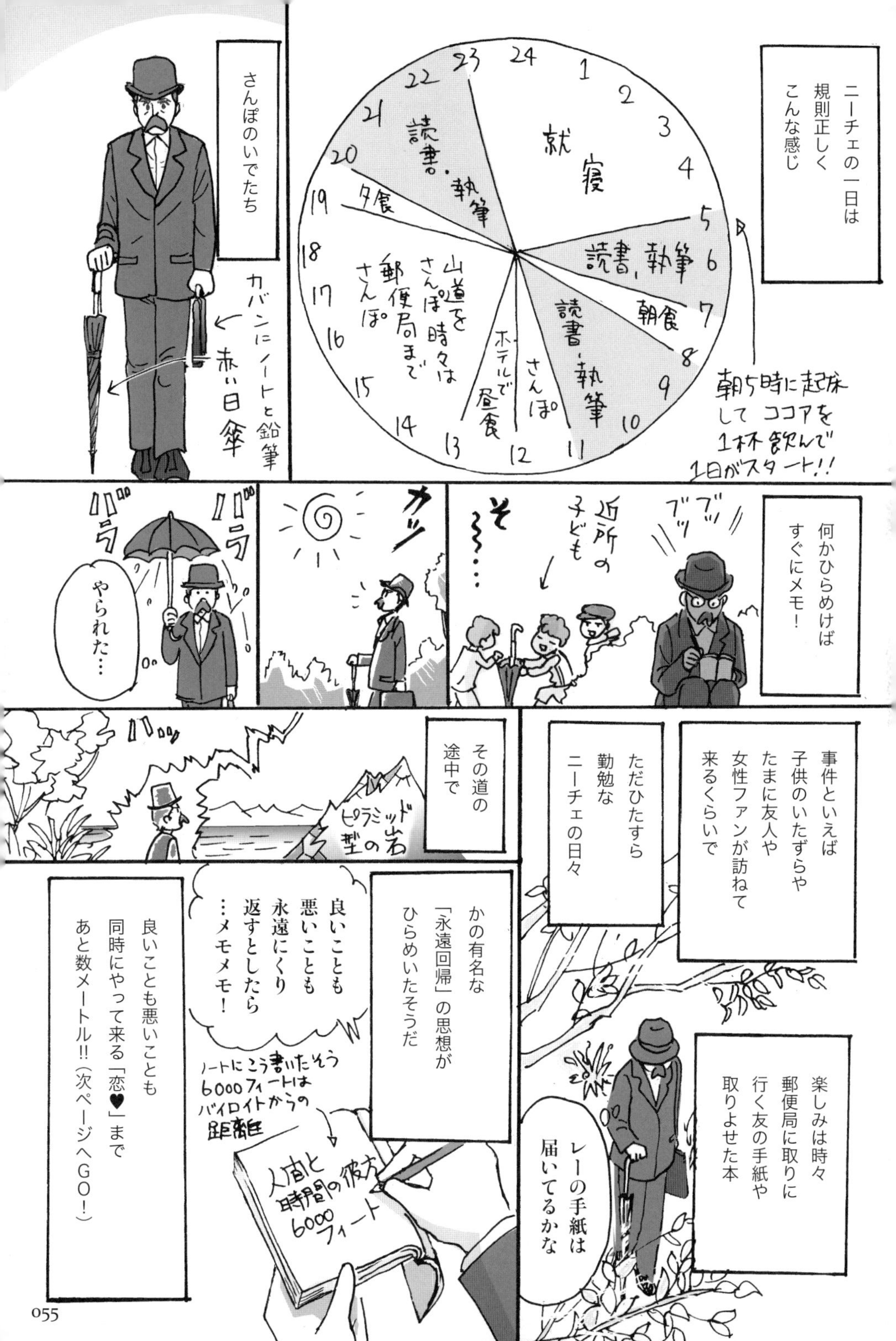
ニーチェの一日は規則正しくこんな感じ
就寝
読書、執筆
朝食
読書・執筆
さんぽ
ホテルで昼食
山道をさんぽ時々は郵便局までさんぽ
夕食
読書・執筆
朝5時に起床して ココアを1杯飲んで1日がスタート!!
さんぽのいでたち
カバンにノートと鉛筆
赤い日傘
何かひらめけばすぐにメモ!
ブツブツ
近所の子ども
そ〜…
カッ
バラ
バラ
やられた…
事件といえば子供のいたずらやたまに友人や女性ファンが訪ねて来るくらいで
ただひたすら勤勉なニーチェの日々
その道の途中で
ピラミッド型の岩
ババッ
楽しみは時々郵便局に取りに行く友の手紙や取りよせた本
レーの手紙は届いてるかな
かの有名な「永遠回帰」の思想がひらめいたそうだ
良いことも悪いことも永遠にくり返すとしたら…メモメモ!
ノートにこう書いたそう 6000フィートはバイロイトからの距離
人間と時間の彼方6000フィート
良いことも悪いことも同時にやって来る「恋♥」まであと数メートル!!(次ページへGO!)

ザロメとニーチェ
恋のルサンチマン

✻37歳〜39歳✻

ルー・フォン・ザロメ 21歳
5人の兄（うち2人は夭逝《ようせい》）と
ロシア将軍の父親に
かわいがられて育った
末っ子女子大生
ものおじしないが
「ちゃんと空気が
読める」タイプ

妻子ある牧師
（ザロメの師）と
恋愛経験アリ
結婚にはまったく
興味なし

3人で撮ったおふざけ記念写真。この恋路ニーチェにちょっと不利かも

ニーチェ 37歳
父亡きあと頼りに
された長男
シャイな男子校
タイプの上
恋愛経験ナシ
「自分の話に夢中」
タイプ

パウル・レー 32歳
学者志望の地主の
おぼっちゃま
優しくてちょっぴり
カゲのある甘いマスク
「まず君の話を
聞くよ」タイプ

それはローマの春の宵から始まった（深夜）
月明かりがキレイね
いいムードの2人はパウル・レーとルー・ザロメ
今日の午後マイゼンブーク婦人のサロンで知り合ったばかりだ
ねえ！私の提案すてきでしょ
ボクと君と他に…たとえばニーチェと共同研究生活ねえ…
そうよ！パリの画家たちのアトリエみたいに
でも君ニーチェと会ったことないのに？

あら紹介したいって言ってたじゃないの
私 彼の論文のファンなの あなただってそうでしょ
でも君… 若い女性がそんなことして世間がうるさいぞ
平気よ！ 年配の女性にひとり加わってもらえばいいわ
ふふ…宿はパリのアパルトマンなんていいわね
あなた方の寝室と私の寝室の間には花と本でいっぱいの書斎 そこで毎日ぞんぶんに学んで創作するの！ 文学、哲学…ああ!!
かなわないなあ
無邪気で夢いっぱいのお嬢さんだね君は
すでにホレてます
ザロメは当時の「新しい女性」だった 男性顔負けの知性を身につけ 詩や論文を書く女子学生
特に哲学は子供のころから 大好き――つまり「哲女」である
チューリヒ大学で勉強しすぎて体をこわしたの 今はイタリアで療養中よ
キリッとした顔立ちで 全体に均整のとれた印象 女性らしい細やかな 気づかいもできたそう
どこに行ってもその きわだった賢さで 「めずらしい女性」と 評判だった

レーは手紙でニーチェにザロメを紹介するニーチェはなんだかワクワクしたらしい
ぼくの論文を読む娘かおもしろいな… すぐにレーに返事書こっと
そのロシアの女性によろしくと伝えてください。（中略）ぼくは（その娘を）間もなくさらいに行くよ
レーはニーチェとザロメをとりもつ
彼女 ぼくたちと共同生活をしたいそうだ
彼女ときたらちょっと話すとすぐ次のことがわかっちゃうんだ
疑問がわくと徹底的に質問するからまいるよ
だけど無邪気で少女のような人なんだ
実はこの間パウル・レーはザロメに求婚しふられていた
ニーチェには秘密
傷ついたレーはザロメから去ろうとしたがザロメから、「友情を継続して共同研究生活を」とたのまれてしまい中途半端な状態だった
ほんとに困ったお嬢さんだ
でも少し脈がある気もする…
ザロメは恋愛ぬきの自由で高尚な新しい男女関係をめざしていたようだが この状況ではかなりムリがある
レーはその無理を承知でザロメにしたがったようだ「ホレた弱み」である
来てよかった みごとだわ サン・ピエトロ寺院
ああ…しかし告解室は暗いなあ
ところでニーチェもローマに来てるはずだが…
やあ！

ふふふ…
2人がここだと
聞いてね
ドキッ
よかった
おちあえて
やっと紹介
できるよ
こちら
ザロメ嬢！
ニーチェだよ
まあ
あなたが
お会い
できる日を
待ちかねて
ましたわ
……
私たちが
ここで会ったのは
どういう
星のめぐりあわせ
でしょうね
出会いがしらの有名なセリフ
え？
ニーチェは
ザロメを
たちまち
気に入った
ようだ
高潔な
印象だ
美人とまで
言えぬが
…
生き生き
として
かわいらしい
一方ザロメは
がっかりしたらしい
期待しすぎた
せいかしら
あの才気ある
文章の印象と
ちがうわ
言葉も態度も
とりすまして…
借りものみたいな
礼儀正しさだわ
もっといい男かと…

しかし後日すぐに素朴さゆえのぎこちなさだったと気づく
ニーチェがかかえている孤独にも…
ザロメは人を見抜く力が抜群だった
ニーチェは出会って数日後ザロメにプロポーズ
しかもレーを通して
彼女 結婚という形式に反対だそうだ 経済的な問題もあるみたい…
まずいことになったな…
ザロメは断る
だがニーチェはあきらめなかった
レーも同じであったが レーはザロメとこっそり恋人未満なかんじで時々デートしていた
そんなこんなで2人の男はザロメ母子とスイス旅行をする流れとなる
ザロメのまわりをウロウロしてたわけですね
その旅行中ニーチェに思わぬラッキー・チャンスが到来する
モンテサクロの山で2人きりになれたのだ
お母さま疲れてたけど平気かしら
レーがついてるから大丈夫ですよ
足元 気をつけて
ニーチェはのちにそのときのことを「生涯で最も恍惚《こうこつ》とした夢」と言っていたそう
ニーチェが自分の思想や孤独を語り ザロメが感動し そして…詳しくは不明だが 2人の関係が近づくような甘い時間だったことは予想がつく

ニーチェの死後「山でキスしましたか?」との問いにザロメは「覚えていない」と答えたそうだ
おそかったわね あなたたち 待ちくたびれたわ!
はあ はあ
すみませ～ん
ムスー
絶対なんかあったな…
自信をつけたニーチェは数日後に再びプロポーズ
ルーさん!
ごめんなさい
でも…私 あなたを尊敬してます! 共同生活はぜひ実現させましょう!
私たちは新しい男女のあり方を世に示すのよ!
嫌われてはいないようだな… チャンスもありそう
ニーチェは共同生活に望みをつなぐ
そしていやがるパウル・レーを呼び出して 例の有名な写真を撮る
ぼく写真は大嫌いなんだってば
「聖三位《さんみ》一体」と称した悪のり写真(男は馬 女は御者)
ニーチェはのりのり パウル・レーはしぶしぶ
この共同生活プランについて レーとザロメを引き合わせたマイゼンブーク婦人は心配している「女性解放運動の妨げにならないためにも健全な人間関係を保つように。誰かが傷つくことにならないように」と

しかし事態は婦人の心配どおりになっていく
ザロメとレーがその後急接近したのだ
うふ♡
そうとは知らずにどんどんザロメにひかれていくニーチェ
「ぼくはひとりになるとあなたの名前を口にしてしまうことがあります」byニーチェ
「愛しい愛しいルー」
「ぼくのカタツムリさん」byレー
スイス旅行のあとザロメは2人の男性から熱い手紙を受け取り続けた
ニーチェにはレーと恋仲になったことを言うべきかしら
でも言えば友人関係がこじれてしまう
それはイヤ！あの人はすばらしい学者だわ！ 心から敬愛してる!!
それに…レーとは結婚ヌキの男女関係をつらぬくつもりだし…
レーはだいぶ悩んだようす
尊敬するニーチェにうしろめたい…
でも…今さら言えない
友情にヒビが……
つらいよ…最近ニーチェに正直に向き合えない…
…楽しい手紙もかわせなくなった…
このあやうい三角関係をニーチェの妹がさらにかきまぜる
あの小娘に兄さまの何がわかるって言うの？
あらやだどこでも媚《こ》びるのねあの女…
ニーチェと知りあい？彼変わってるよね！
ウフフ少しね
サロンでモテモテのザロメに嫉妬して
告げ口
カッ
兄さまあの人画家とイチャイチャしてその上みんなといっしょになって兄さまの悪口を

ニーチェはまにうけて
ザロメに非難の
電報を送ったらしい
ザロメはさぞ
ひいたことだろう
何コレ…
でんぽう…？
一方レーは
「心配だ！ 君が
画家にうばわれそうで」
と素直な手紙を
送っている
内容の資料
見つけられずでした
残念…
これだけみても
恋の勝負は
レーの勝ち
ですね
…がニーチェに
2度めのチャンスが
到来！
タウンテンブルクの森
夏の保養地に
ザロメを誘ったら
ザロメがOKしたのだ
（妹エリーザベトも同行）
2人はすぐ近くの
宿に滞在し 通い合って
夜もふけるまで議論した
君の詩「生への祈り」はすばらしいね！ぼくの認識と通じてるよ!!
同感よ！ でもあなたの永遠回帰は少し宗教的ではなくて？
白熱して
10時間も
ぶっとおしに
なったことも
2人は
筋金入りの
「哲オタ」
である
なんてぼくの魂と
似ているんだ!!
ああ…君はぼくの
女弟子だ!!
ぼくの知恵の
すべてを教えるよ！
ニーチェは
感動に
ふるえる
ザロメも同じで
あったが…
ああ楽しい!!
魂が響き
合う…
この人はすごい!!
でも…

この人の深部には暗い地下池や隠れた穴蔵がいくつもあるわ用心しなくては…
ニーチェの孤独な気難しさをはっきり確認するザロメだった
2人の関係は近づくと同時に離れたのかもしれない
一方ニーチェはますますザロメにはまる
もうひとおし!!
レーにはまったく負ける気がしていない
夏の終わり…ザロメはニーチェに喜びと希望を残して去る
ではルーさん1か月後にパリで共同生活ということでいいですね!
結局ライプチヒとなった
ええ! お互いがんばりましょうね!
……レーに会いたい……
フフ…
私とニーチェが毎晩熱く語り合ってるって手紙書いたらずいぶんやきもち焼いてたわ
3人でうまくやれるかしら…
ライプチヒ――
とうとう3人は共同研究生活を始める
しかしザロメをはさんで暗黙のライバル関係になってしまったニーチェとレーにこの生活は緊張と不信感を与えただけでギクシャクとしたものだったらしい
お…お茶にしましょ
レーはぼくをだしぬくのでは…!
ニーチェがザロメをうばいそうでこわい…!

しかもその間 レーとザロメは 2人で同棲《どうせい》する アパートを 探していたらしい
ねえ…あなたの 母上がいる ベルリンにしましょう
そうだね…母の近くなら ニーチェもごまかせる
だけどニーチェは このあとパリでも共同 生活を続けるつもりだよ ぼくらのこと… 早く言って しまいたいよ
ええ、そのうち… タイミングが むずかしいわね
ニーチェは2人に対して わいてくる不信を かかえて不安だった ようだ そこに母と妹が 手紙でニーチェを 追いつめる
「あの娘は 男たちの才能を 利用したいだけよ」 by母
「兄さん、あの女の 本性に気づいて」 by妹
やめて くれ… ぼくは 彼らを 疑いたく ない…
しかし11月に2人が ライプチヒをたったあと ニーチェにも しだいに事情が わかってくる
そうか 2人は 恋仲だっ た …のか
そうか フフフ…
2人して ぼくを笑い者に したな ぼくは今や 噂の的だよ！ マヌケなやつ だってね！
ルーさん あなたは 損害をあたえ 人を悲しませました
ぼくの失敗は 「孤独を 放棄」した ことだ…
ニーチェは荒れた
アヘンを服用し ザロメの悪口をメモに 書きなぐり
ザロメを 手紙で 責めた
いまだかつてない 激しい苦しみは 一方でニーチェに ひらめきを与える
「氷のようにこごえた」 日々が続いたあと…

翌年2月――ニーチェは『ツァラトゥストラ』第1部をたった10日間で仕上げる
(そのころワーグナーが死去)
内容は明らかにザロメ体験が投影されている
わははは
ずっと孤独だった主人公のツァラトゥストラはある日 民衆に自分の知恵を与えようとするが笑いものにされるのだ…
ニーチェは書くことで少し元気が出た
ところが傷がまだいえぬうちに またまた妹がかきまぜる
兄さま!! あの女今はレーと別の男と3人で共同生活ですって!! いやらしい!!
しかも私 こんな証拠見つけちゃったわ
それはザロメ事件に関するレーの本音(ニーチェの悪口も)が書いてある知人あての手紙だったらしい
ガーーン
これでわかった? あの2人は兄さまを心底バカにしてるの!
安心して! あの娼婦をロシアに強制送還してやる!! もしくはレーとむりやり結婚させてやる
ホホホ
フラ〜…
死にたい…
この闇の中ツァラの第2部を2週間で吐き出す…7月のことだった
第2部のツァラは世俗と戦いもがき疲れ、泣く…自分は生を直視できぬと
とても生の肯定などできない…ぼくの哲学は敗れた……
ニーチェは…
ペンをとる
そのころ――ニーチェの書いたザロメへの悪口メモはひどい
にせ物の胸
悪臭ただよう
不潔な小娘
地に落ちたニーチェ…

とうとう底…か
死ねないとすれば…
Ooo
「君の愛と君の創造の力をたずさえて君の孤独の中へ行け——」
ツァラ第1部
びょおおお
ゴホゴホ
冬——ひどい体調と戦いながら第3部を書き上げる——あの名シーンも
ううううっ
黒へび
羊飼い
噛め!! 噛み切れ
へびの頭を
すくぅ
彼は生まれ変わる
はははは
世俗のルサンチマンやむなしさを噛み切って
どん底のニーチェもへびと戦ったのだ
くるしい…
自分の哲学の勝利を信じて
友への手紙
「ぼくには自分の思考法や究極の哲学があるのだから……絶対に勝たねばならない」
「体験を最高級の黄金に変え最大限に利用すること——!!」
翌1884年——
チチチ
「ぼくの知り合ったすべての知人のうち ザロメ嬢との交際が最も価値ある生産的な交際だった。この交際によってツァラトゥストラまでぼくは成熟し得たのだ」
春に書いた妹への手紙である そこにはへびを完全に噛み切ったニーチェがいる——
※第4部は85年2月に完成

世界のあらゆる矛盾を厳しく追究

中期ニーチェの思想の特色

病気の進行、大学辞任のあとに生まれた、世界に対する否定的な感覚

「ポストモダン」にせよ「分析哲学」にせよ、現代哲学では真理の存在は否定されているが、**ニーチェは最初に真理を批判した哲学者として、現代思想の源流として位置づけられている。**そして、この**真理批判**を中心として、道徳や社会などを批判し、世界のあらゆる矛盾を厳しく追究している点にこそ、中期ニーチェ思想の特質がある。

現在でも多くの若者がニーチェを愛読しているが、それは**「ほんとうのことなどない」**というニーチェの真理批判や社会批判が、この世の苦しみに悩み、矛盾を感じている人々の共感を誘うからだろう。こうした世界に対する否定的な感覚は、ワーグナーやショーペンハウアーを信奉し、理想に燃えていた初期ニーチェには見られなかった。崇拝していた二人に幻滅し、理想が崩れ去ったとき、また病気が進行し、大学を辞するなど、自分の生き方が思うようにならなくなったとき、世界への否定的感情が生まれ、懐疑的でシニカルな態度になったのだ。

ルー・ザロメとの出会いがニーチェを変えた

たしかに絶対的な真理は存在しないし、この認識は卓見だった。しかし、ここでのニーチェは**ニヒリズム**に陥っているのであり、**あらゆることを疑い、冷笑し、世界や生を否定することで、ちっぽけなプライドを満たしているにすぎない。**だが一方で、人間の心理分析においても天才的な鋭さを発揮していたニーチェが、自分自身の深層心理に気づかないわけがなかった。彼は自らの否定的感情の意味を問い、そこに**ルサンチマン**を見出し、ニヒリズムから脱け出そうとしはじめる。

決定的な出来事は、**ルー・ザロメ**との出会いであった。結果的には失恋するが、彼女を愛した至福のひと時こそ、自分の人生を価値あるものだと確信させ、「永遠回帰」の思想を完成させることになる。これこそ、**生の肯定へとニーチェ思想が舵《かじ》を切った瞬間であった。**

生の肯定から世界の否定へ

初期のニーチェ

自己超克！

1872—1876

『悲劇の誕生』
『反時代的考察』

- ショーペンハウアーとワーグナーが最高！
- 人生が苦しいことを認めた上で、積極的に生きよう
- ワーグナーとともに、新しい文化の国を作ろう！

↓

- バーゼル大学辞任
- 病気の進行
- ワーグナーとの決裂

中期のニーチェ

真理批判！

1878—1882

『人間的、あまりに人間的』
『曙光』
『悦ばしき知識』

- ショーペンハウアーもワーグナーも本物ではなかった
- 哲学も道徳も真理も恋愛もみんなニセモノだ！
- ほんとうのことなんて何もないんだ！

「シニシズム」から「力の感情」へ

『人間的、あまりに人間的』『曙光』『悦《よろこ》ばしき知識』

世界に対する否定感情を問い直す

『人間的、あまりに人間的』は、あらゆるものを疑い、嘲笑《あざわら》うようなシニカルな態度、「すべては偽りで、この世はまちがっている」という世界に対する否定的な感情に満ちている。その中心にあるのは、絶対的な真理など存在しない、という主張である。

世界は生成変化するものであり、その背後に本質や原因などの真理をおくことはできないし、道徳にも善悪の絶対的基準などない。人々が真理の存在を疑わないのは、この矛盾に満ちた悲惨な世界を直視できないからであり、「本当のことなどない」と知っているのは、自分（ニーチェ）のような賢い**「自由精神」**だけなのだ。

しかし、次の著作**『曙光』**においては、こうした自分の内面にある世界への否定的感情を自覚し、その意味を問い直している。そして、この感情の根底にあるのはニヒリズムであり、自分の恨みや妬み（ルサンチマン）にすぎない、と結論するのだ。また、**ただ苦を避けようとする利己心を批判し、積極的に生きようとする「力の感情」**を重視しているが、これはのちの「力への意志」につながる主張である。

「神は死んだ！」の登場

『悦ばしき知識』になると、「力への感情」から道徳批判をすることが中心テーマとなり、さらに**「神は死んだ！」**という有名な言葉が登場する。ニーチェはここにきて、「神の死」の意味を深く考え直そうとするのだ。**「神の死」によって失われたのは、価値の根拠、生きる意味そのものであり、結果的にニヒリズムがもたらされる。**

では、もはや私たちは自らの生を肯定して生きることはできないのだろうか？ その答えとして、ニーチェは**「永遠回帰」**という思想を提示するのだが、その意図するところはまだ明確ではない。なぜ生の肯定につながるのかも、よくわからない。その真の意味を知るためには、主著**『ツァラトゥストラ』**を待たねばならない。

『人間的、あまりに人間的』のメッセージ

この世はすべてまちがっている！

哲学

哲学者には歴史的感覚が欠如している。絶対的な真理や永遠の事実なんてものはない

宗教

人は誤った思い込みによって、キリスト教徒になったり救済を感じるのだ

道徳

善悪の絶対的な基準なんてなく、基準は時代によって変わるものだ

芸術

美が幸福と結びついているというのは誤りだ。芸術は現実の光景を覆い隠すヴェールにすぎない

「自由精神」にめざめよ！

人はしばしば或る意見に反対する、ところが本当はそれの述べられた調子だけが同感できないにすぎないのだが。（『人間的、あまりに人間的』）

話の種に窮したとき、友人の秘密に属する事柄を犠牲にしない者はあまりいないだろう。（『人間的、あまりに人間的』）

解説 『人間的、あまりに人間的』の第6章では、人間関係に関するニーチェの鋭利なアフォリズムを味わうことができる。とりわけ、人間のエゴを射ぬく言葉はグサリとくる。しかし、その鋭利さは、世界に対する不信の表われなのかもしれない。

テーマ 自由精神 ❶

自由精神は一切の束縛から逃れようとする

ニーチェの言葉

自由精神は相対的概念である。――その素性や環境、その身分や職能から、または支配的な時代の見解から予期されるものとは別様に考えるその人は、自由精神と呼ばれる。

（『人間的、あまりに人間的』）

「**自由精神**」は、ニーチェの中期の代表作『人間的、あまりに人間的』に出てくるキーワード。**ニーチェの有名な人間精神の歩みの図式は、駱駝《らくだ》→獅子→赤子。**駱駝は、キリスト教的、形而上学的な、生を重荷として苦悩する精神。**獅子が、ここでいう自由精神にあたる。**これまでの一切の伝統的、慣習的世界像を投げ捨て、その重荷から解放されようとする新しい時代の知識人たちの精神をさす。

しかし人間精神は、最後の赤子の段階にいたって、ルサンチマン、反動精神、シニシズム、デカダンを克服し、生の朗らかで輝けるエロスを味わう存在となる。

この意味で自由精神はまだ「相対主義的」なのだ。

ニーチェによれば、近代社会は、伝統的な価値の一

人間精神の三段階の歩み

第1段階：駱駝

生の重荷に耐える義務の精神

第2段階：獅子

一切の古い価値観から逃れようとする自由精神

第3段階：赤子

生の輝けるエロスを味わう存在

切を懐疑する精神を育てるところまではやってきた。しかし、それはまだ新しい生の目標を打ち立てるにはいたらない。そのため、しばしば否定のための否定、懐疑のための懐疑となって疲弊する。だがそれでも**この一切の束縛から逃れようとする自由精神は、近代人にとって必然的な道すじである。**

ニーチェは、三十歳を過ぎるころからさまざまな体調の不全に悩み、三十四歳には大学を辞めて、以後年金生活で細々と著作活動を続けることになる。『人間的、あまりに人間的』『悦ばしき知識』はこの時期の代表作。その中心のモチーフは次のように言える。**形而上学(哲学)、道徳、宗教など、これまでのヨーロッパ文化を支えていた人間的価値のすべてを吟味し、これを転倒させること。つまり一切の価値の転倒の試み。**

『悲劇の誕生』『反時代的考察』での中心的モチーフが、ショーペンハウアーの苦悩の哲学を受け取りながら、それを「いかに生を是認できるか」という課題へと転換してゆくところにあったとすると、ここでは、それは**「ニヒリズムの克服」「神の死」**という概念の形をとるのだ。

テーマ　自由精神　2

プラトンを源流とする価値観の転倒を図る

ニーチェの言葉

今ではたしかにわれわれはまだ学問の青春期に生きていて、美しい少女を追いかけているように真理を追いかけるのが常である。しかし、真理がいつの日か初老の不機嫌な目つきをした女になってしまったとするとどうだろうか。

（『人間的、あまりに人間的』）

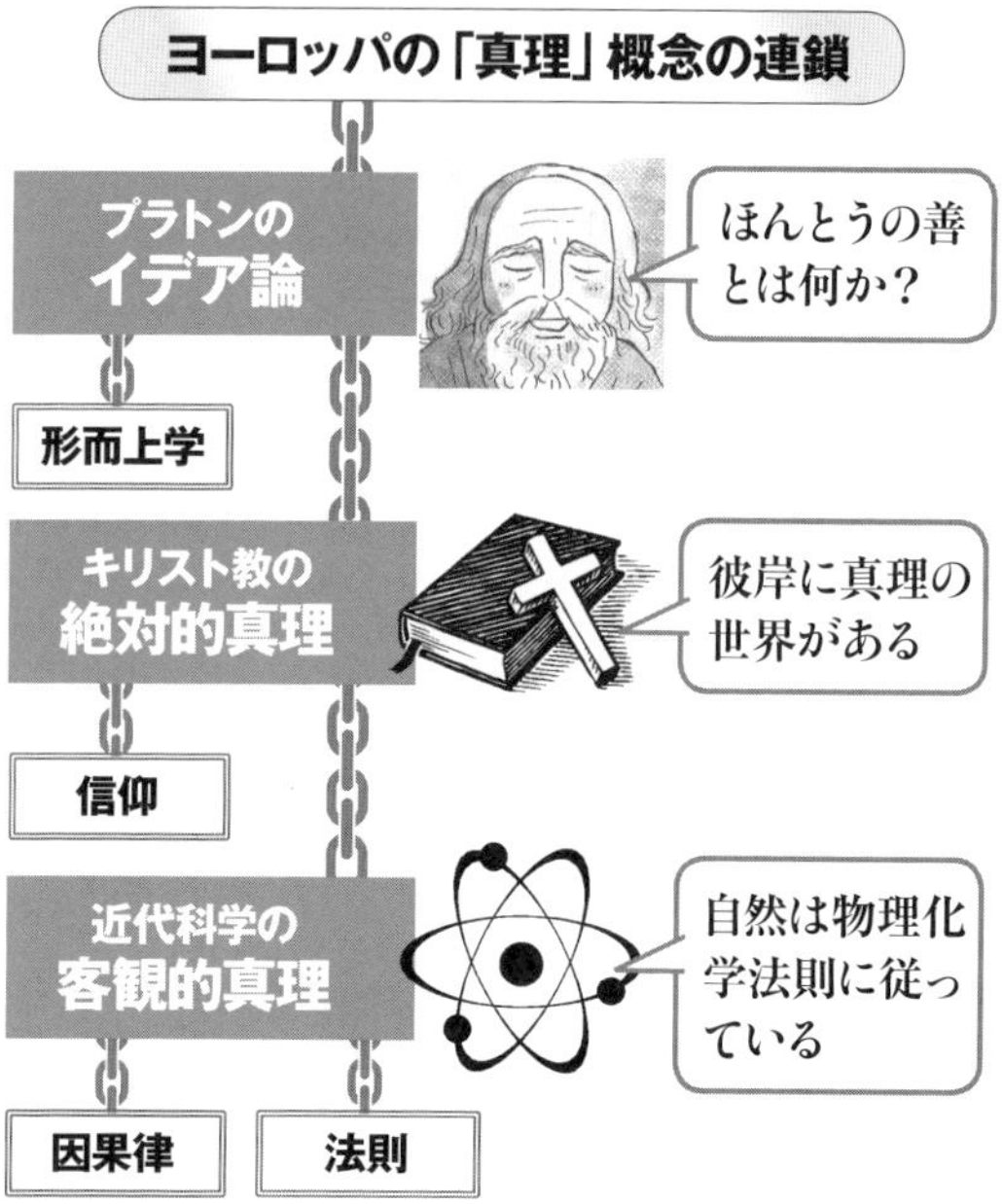
ヨーロッパの「真理」概念の連鎖
プラトンのイデア論
ほんとうの善とは何か？
形而上学
キリスト教の絶対的真理
彼岸に真理の世界がある
信仰
近代科学の客観的真理
自然は物理化学法則に従っている
因果律
法則

「真理」の概念それ自体は、ヨーロッパに固有のものというわけではない。しかし、ヨーロッパのキリスト教的絶対神の理念は、この観念をとくに強化することになる。それは、プラトンの最高の理念である「イデア*のイデア」、つまり「善のイデア」が、**キリスト教に移されて絶対的な「真理のイデア」の観念に変えられてしまった**ことを考えるとよく分かる。

さて、しかしここでニーチェが言う「真理」は、このキリスト教的な世界観をひきついで現われた、**ヨーロッパの近代科学の探究対象としての「真理」**（＝「客観的真理」）である。じっさい、十九世紀後半は、十七世紀につぐもう一つの科学革命の時代だった。熱力学、

＊イデア……永遠不変の理想的な形

「真理」を斬る
力への意志の介
ぬ…ぬしの名は
ズバババ
ズバババ
形而上学
真理
法則

電磁気学、原子論、有機化学などがめざましい発展をみせた。数学者ラプラスが、ある瞬間にすべての実体の位置とその力の法則を知る者は、「その後のあらゆる出来事を予測」する完全な認識者となりうる、と言ったことはよく知られている（ラプラスの魔）。

要するに、中国やインドでは、真理の概念はもっと相対的で多様である。**ヨーロッパでは「真理」の概念は、キリスト教の絶対神と、近代科学の客観認識への信仰によって、ほとんど自明の観念となったのだ。**

このヨーロッパの「真理」の観念こそ、この時期ニーチェが打ち倒そうとした最も主要な標的だった。**「真理」の観念は、さまざまな派生的な観念を引きずっている。形而上学、信仰、因果律、法則、客観認識、等々。**ニーチェは、これらの観念のカードのすべてを、一枚一枚ひっくり返していくような戦略をとっていった。

だが、ニーチェのこの戦いは、単なる懐疑や反抗を超えて、つまり自由精神を超えてもっと先まで進んだ。彼の壮大な価値転倒の試みを支えた根本的なアイデアは、のちに「力の思想」という形で結実することになる。

テーマ 心理家ニーチェ――❶

アフォリズムで語った鋭い心理洞察

ニーチェの言葉

心理学的考察の利得。――人間的、あまりに人間的なものに関する思索――（略）が、生の重荷を軽くすることのできる手段の一つだということを人は信じたし、知ってもいた（略）。

（『人間的、あまりに人間的』）

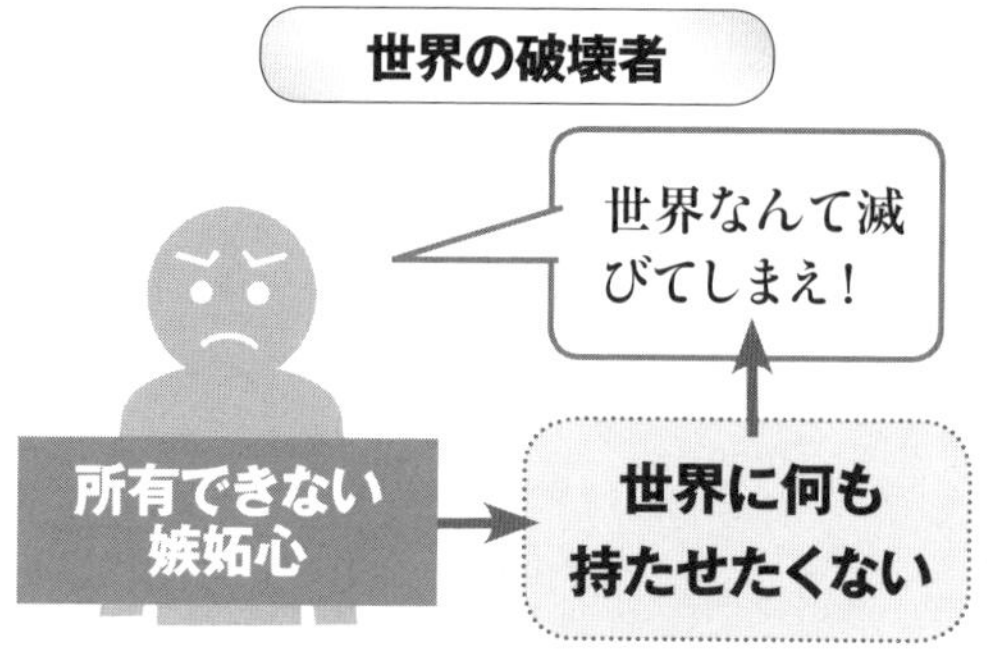
世界の破壊者
世界なんて滅びてしまえ！
所有できない嫉妬心
世界に何も持たせたくない

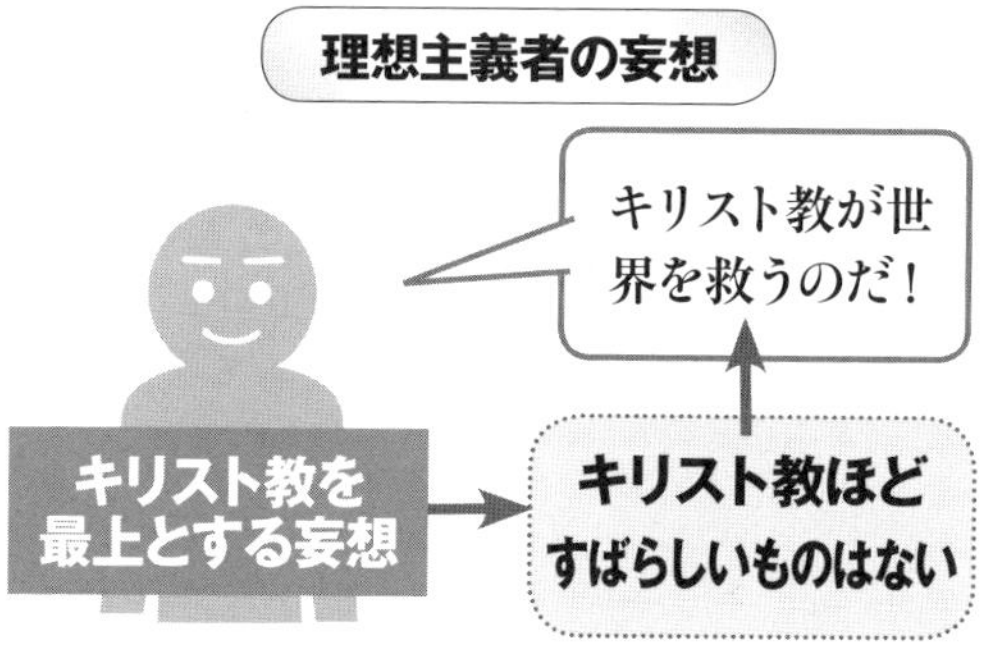
理想主義者の妄想
キリスト教が世界を救うのだ！
キリスト教を最上とする妄想
キリスト教ほどすばらしいものはない

アフォリズムの形式をとる**『人間的、あまりに人間的』や『曙光』には、ニーチェのきわめて興味深い人間洞察があふれている。**ここで印象的なのは、なんといってもニーチェの洞察の**心理主義的（つまり"裏目読み"の）傾向**である。いくつか例を挙げよう。

《**少女の夢**――無経験な少女たちは、自分の力でひとりの男を幸福にすることができると思い描いていい気になっている、あとになると、男を幸福にするにはひとりの少女だけで足ると想定するのは、男を軽蔑するのと同じことだということが、彼女たちにもわかるようになる》（『人間的、あまりに人間的』）

《**理想主義者の妄想**――理想主義者はすべて、自分

少女の夢

ニーチェ君…そんなに
私が好きなら
一生あなたのそばに
いてあげる♥
きゃっ
やっちゃったっ
ちょっと待て！
告白はしたが　君はぼくが一生
君ひとりで満足できるような
つまらん男と思ってるのか⁉
ふざけるなっ！

が身を捧げている事柄は世の中の他の事柄よりも本質的に上等なものだと思いこんでいる》（同）

《**世界の破壊者**——この人はあることがうまくゆかない。とうとう彼は怒って叫ぶ。「世界がみんな滅びてしまうといいんだが！」。この嫌悪すべき感情は次のような嫉妬心の最たるものと推察できる。私はあるものを所有しえない。だから全世界には何も持たせたくない、と》（『曙光』）

ニーチェのアフォリズムは、しかし、単に人間の思想や行為の「真の動機」を読み取る心理家的洞察にとどまるものではない。**その独自の批判精神の「光学」は、正確に、ヨーロッパの人間観と理想に対する、総体的な価値転換へと向けられている。**なぜヨーロッパでは、「道徳」が人間の最高の価値だという考えがかくも強固に生き延びてきたか。なぜ「真理」が、道徳的価値と堅固に結びついているのか。この根本的な問いが、常にニーチェの鋭い人間洞察を底で支えているのだ。

テーマ 心理家ニーチェ――②

人間はなぜ「道徳的」であろうとするのか？

ニーチェの言葉

道徳的になるのは――道徳的であるからではない！――道徳に服従することは、君主に服従することと同じように、奴隷的でも、思い上がりでも、利己心でも、諦めでも、陰険な熱狂でも、無思慮でも、絶望の行為でも、ありうる。それ自体としては、それは道徳的なものではない。

（『曙光』）

なぜ「道徳的」であろうとするのか？

道徳は他の目的の手段であってはならない。義務なのだ
カント
利己心から道徳的な奴もいる
ニーチェ

道徳的であることこそ人間の最高の価値である。これは近代哲学のチャンピオンのひとり、カントの大テーゼだった。しかし、ニーチェは、これに根本的な疑問を投げる。**なぜ、人間は「道徳的」たろうとするのか。それは、奴隷的精神から、諦めから、利己心から、また熱狂や絶望からの行為でありうる。**なるほど。そのとおりだ。

道徳的な人間であることと、聡明で配慮ある人間であることは、必ずしも一つのことではない。フロイトなら、過剰に道徳的たろうとする者は、「超自我」（よい子たれという父親の命令）のルールに縛られている、と言うかもしれない。

伝統的な真理観とニーチェの真理観

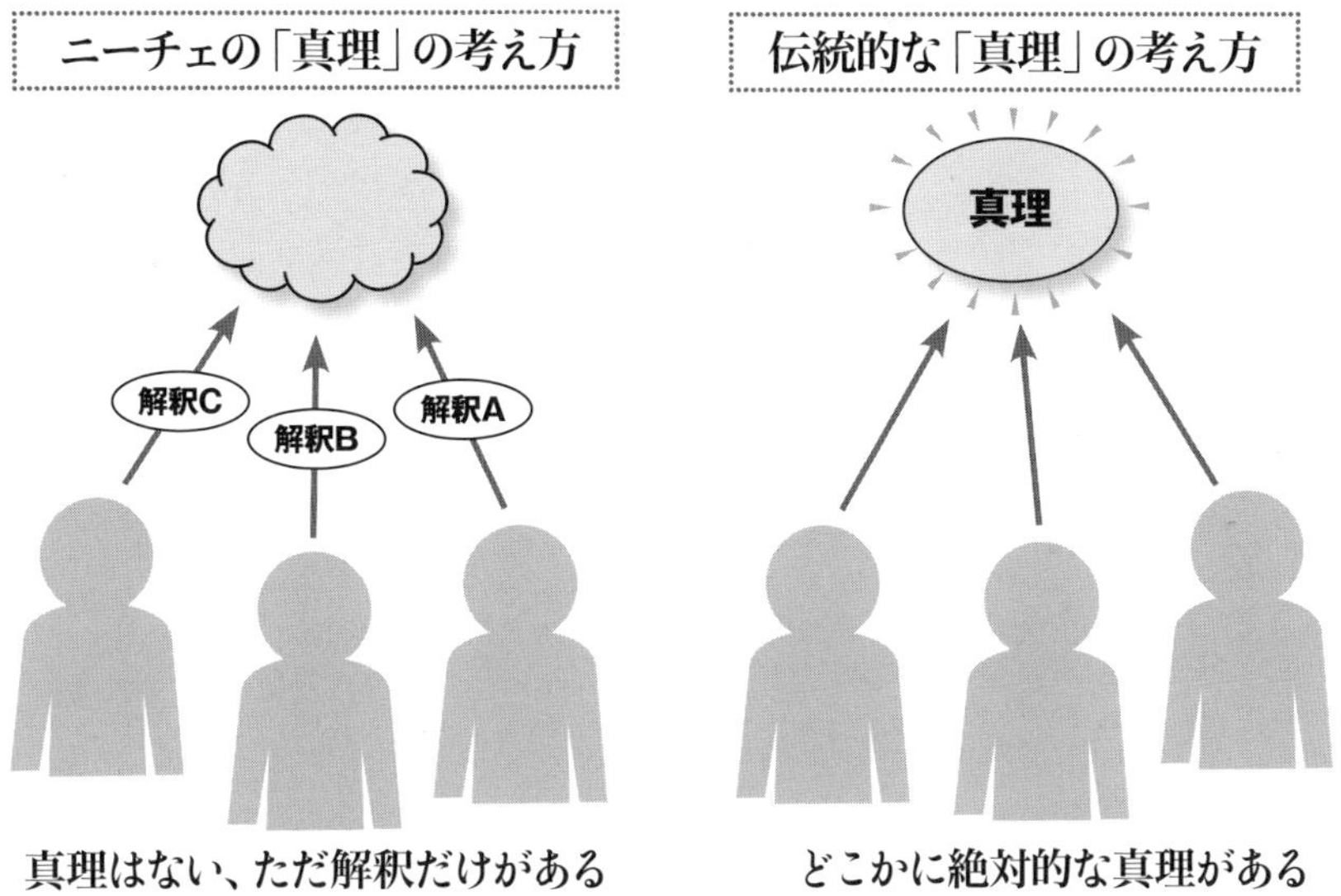
ニーチェの「真理」の考え方
解釈C
解釈B
解釈A
真理はない、ただ解釈だけがある
伝統的な「真理」の考え方
真理
どこかに絶対的な真理がある

ニーチェの批判の矢は、ヨーロッパ的な世界観、つまり「信仰」「真理」「形而上学」といった標的を射ぬく。たとえば、**なぜ「神という信仰」が存在するのか。倫理というルールがないと人間は生きることができないからだ。なぜ「真理」が必要なのか。偉大なる魂にとっては、真理は大いなる知として存在するが、普通の人間にとっては真理は慰めであり、苦痛をいやす「薬」であるから。なぜ、「客観的な評価」を必要とするのか。「孤独への恐怖」からだ、**等々。

だが、ここでも、ニーチェの批判的洞察が、単なる自由精神やイロニーを超えたものであることに注意すべきだ。『曙光』にある次のような言葉は、ニーチェが自分の哲学の根本方法についてはっきり自覚していたことをよく示している。

《**順位**——第一に浅薄な思想家がいる。第二に深い思想家——事柄の深みにはいる人々がいる。第三に徹底的な思想家がいる。彼らは事柄の根本を究明する。——これは、単に事柄の深みにおりてゆくことよりも、はるかに大きな価値があることである！》

テーマ　神の死――❶

何が神を殺したのか？

ニーチェの言葉

狂気の人間。――諸君はあの狂気の人間のことを耳にしなかったか、――白昼に提灯《ちょうちん》をつけながら、市場へ駆けてきて、ひっきりなしに「おれは神を探している！　おれは神を探している！」と叫んだ人間のことを。

（『曙光』）

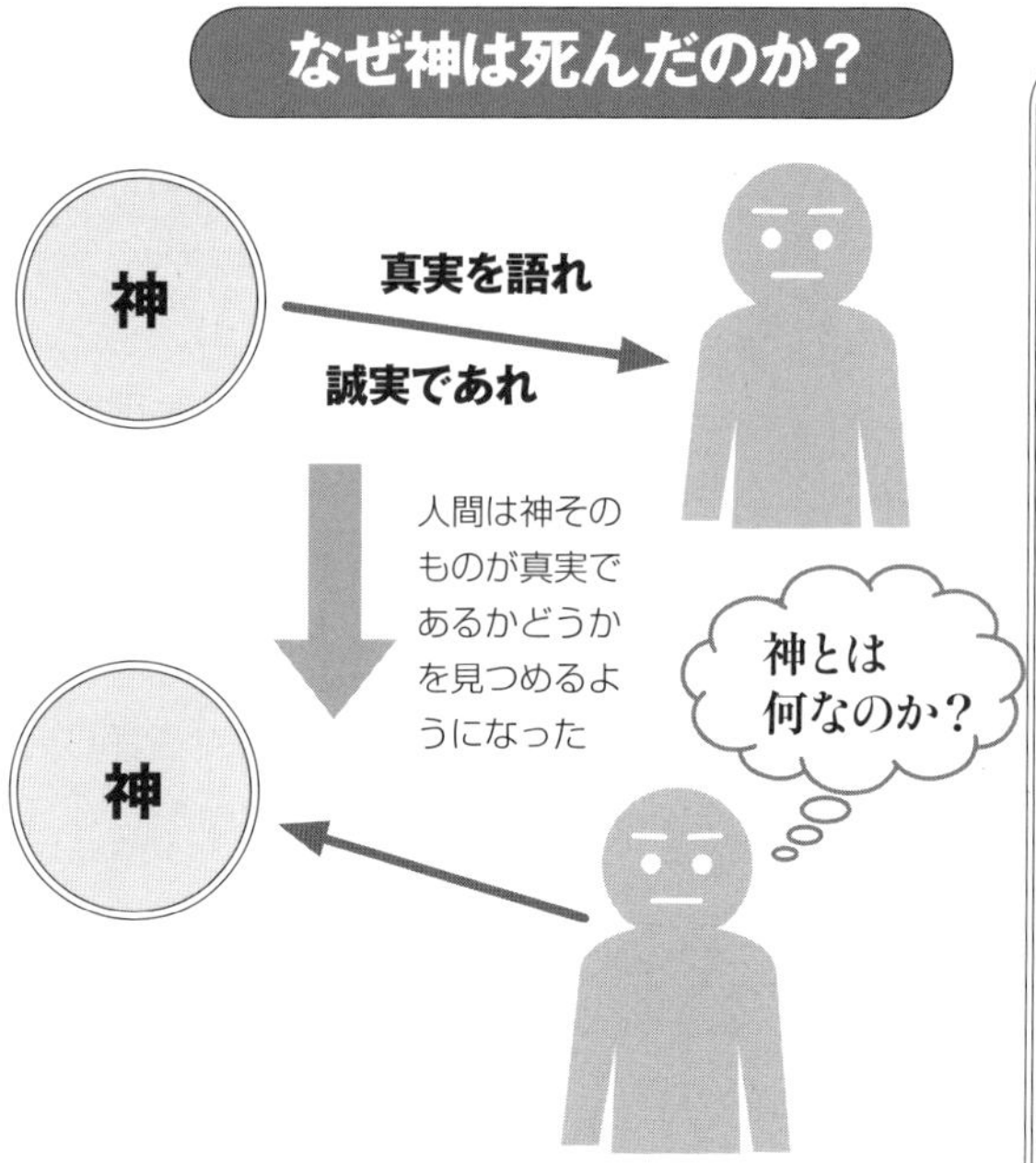
なぜ神は死んだのか？
神
真実を語れ
誠実であれ
人間は神そのものが真実であるかどうかを見つめるようになった
神とは何なのか？
神

『悦ばしき知識』のなかに、人々に神の死を触れ回る狂気の男のよく知られたエピソードがある。まわりには、神を信じない人々が大勢いて男はひどい物笑いの種になる。しかし彼は人々をにらみつけて叫ぶ。「**おれたちが神を殺したのだ、**――おれたちはみな神の殺害者なのだ」、と。「**神は死んだ！**　それも、おれたちが神を殺したのだ！　殺害者中の殺害者であるおれたちは、どうやって自分を慰めたらいいのだ？――おれたちが浴びたこの血を誰が拭いとってくれるのだ？」

この狂気の男は、**ヨーロッパのニヒリズム**を予言するニーチェその人と考えてもよい。キリスト教は、長くヨーロッパの人間の「生の意味」の独占的な配給者だった。**近代社会は人々に「自由」を解放したが、そ**

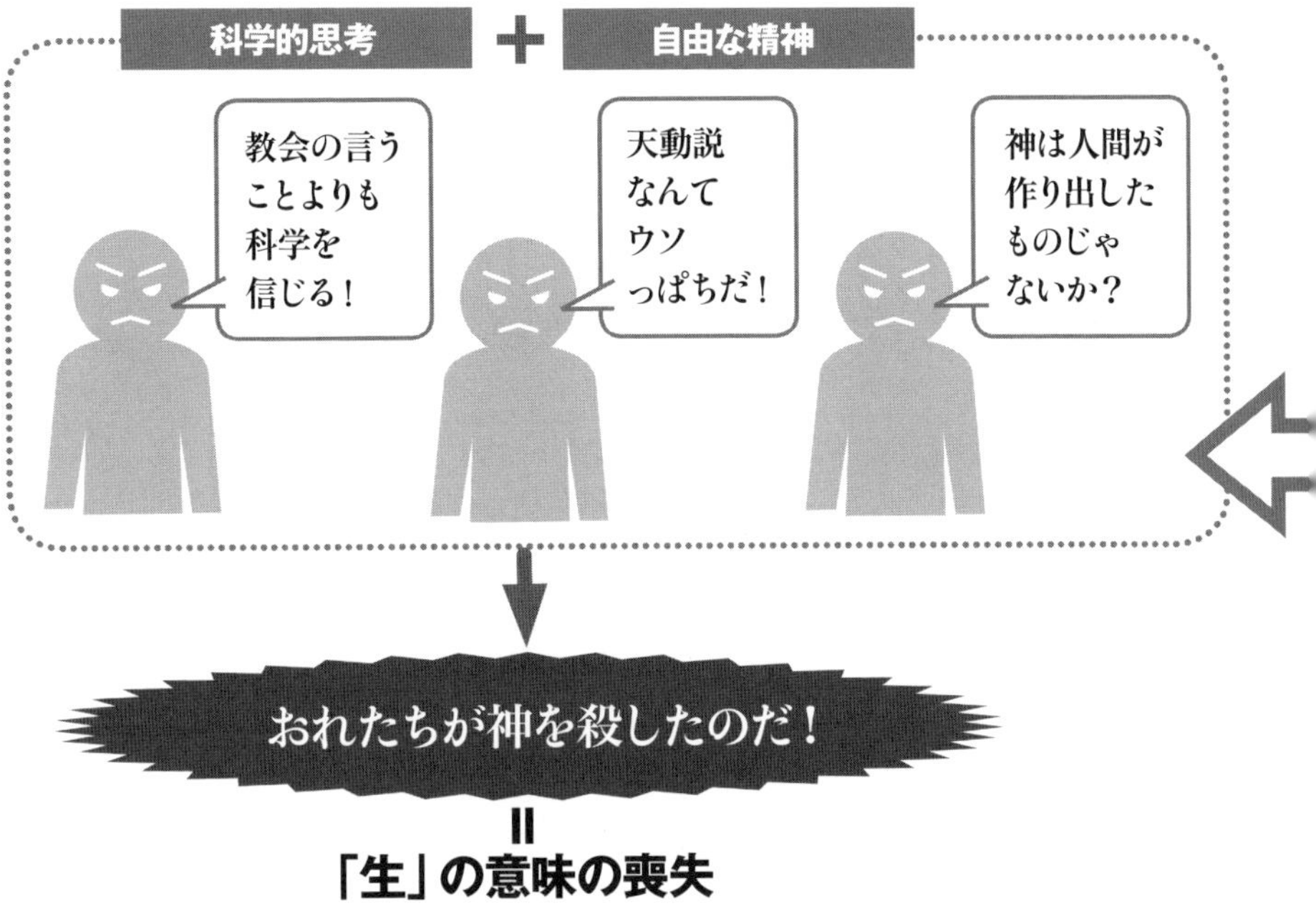
科学的思考
＋
自由な精神
教会の言うことよりも科学を信じる！
天動説なんてウソっぱちだ！
神は人間が作り出したものじゃないか？
おれたちが神を殺したのだ！
＝
「生」の意味の喪失

のことで人々は、「生の意味」を自分で作り出さねばならなくなった。しかし人々は、それがいかに恐るべきニヒリズムを呼ぶことになるか、まだ気づいていない。「こうした所業の偉大さは、おれたちの手にあまるものではないのか？　それをやれるだけの資格があるとされるには、おれたち自身が神々とならねばならないのではないか？（略）おれたちのあとに生まれてくるかぎりの者たちは、この所業のおかげで、これまであったどんな歴史よりも一段と高い歴史に踏み込むのだ！」。

人々は、男の言うことを理解できない。男はランプを地面に投げ捨てて言う。「おれは早く来すぎた」。「まだおれの来るべき時ではなかった。この恐るべき出来事は、まだ途中にぐずついている」と。

「神は死んだ」。問題は、そのあとに人間を襲うもの、真に深いニヒリズム、つまりさまざまな種類の反動精神、懐疑主義とシニシズム、倫理の根拠をより古いものに探そうとする悪あがき、絶望とデカダン、などである。ニーチェの予言は、二十一世紀の現代、ますますリアルなものになっている。

ニヒリズムとは何を意味するのか?

テーマ 神の死——❷

ニーチェの言葉

ニヒリズムとは何を意味するのか?——至高の諸価値がその価値を剝奪《はくだつ》されているということ。目標が欠けている。「何のために?」への答えが欠けている。

（『権力への意志』）

ニヒリズムの到来

キリスト教的世界観
超越者のもとでの信仰・誠実・道徳

↓ 超越者の排除

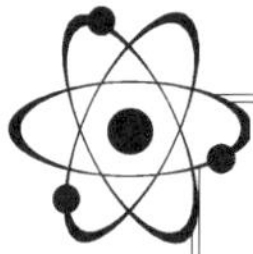

自然科学の合理的世界像
「生きる目標」の喪失

↓

ニヒリズムの到来
ロマン主義、懐疑論、相対主義、機械論的科学主義、無神論、反動的倫理主義、ペシミズム、デカダン…

キリスト教の没落は、ヨーロッパ人にとって、「何のために生きるか」という目標の大きな崩壊と喪失を意味した。それはヨーロッパ人がはじめて「自由」を獲得したことの巨大な代償だった。

ニーチェによれば、だからこそ**「ヨーロッパのニヒリズム」**は必然的なのだ。「すべての訪問客のうちで最も気味の悪い」このニヒリズムは、どこからやってくるのか。新しい貧困や苦難からか。そうではない。**それは「まったく特定の解釈」のうちに、つまり「キリスト教の道徳的解釈のうちに」その根拠をもっている。**そう彼は言う。

これはそう分かりやすい言い方ではない。ヨーロッパで長く人間の理想とされてきたキリスト教的世界観。

生きる意味の追求がニヒリズムをまねく

ニーチェによれば、宗教や哲学が答えてきた「生きる意味」には、
「目的」「統一」「真理」という3つのカテゴリーがあるという

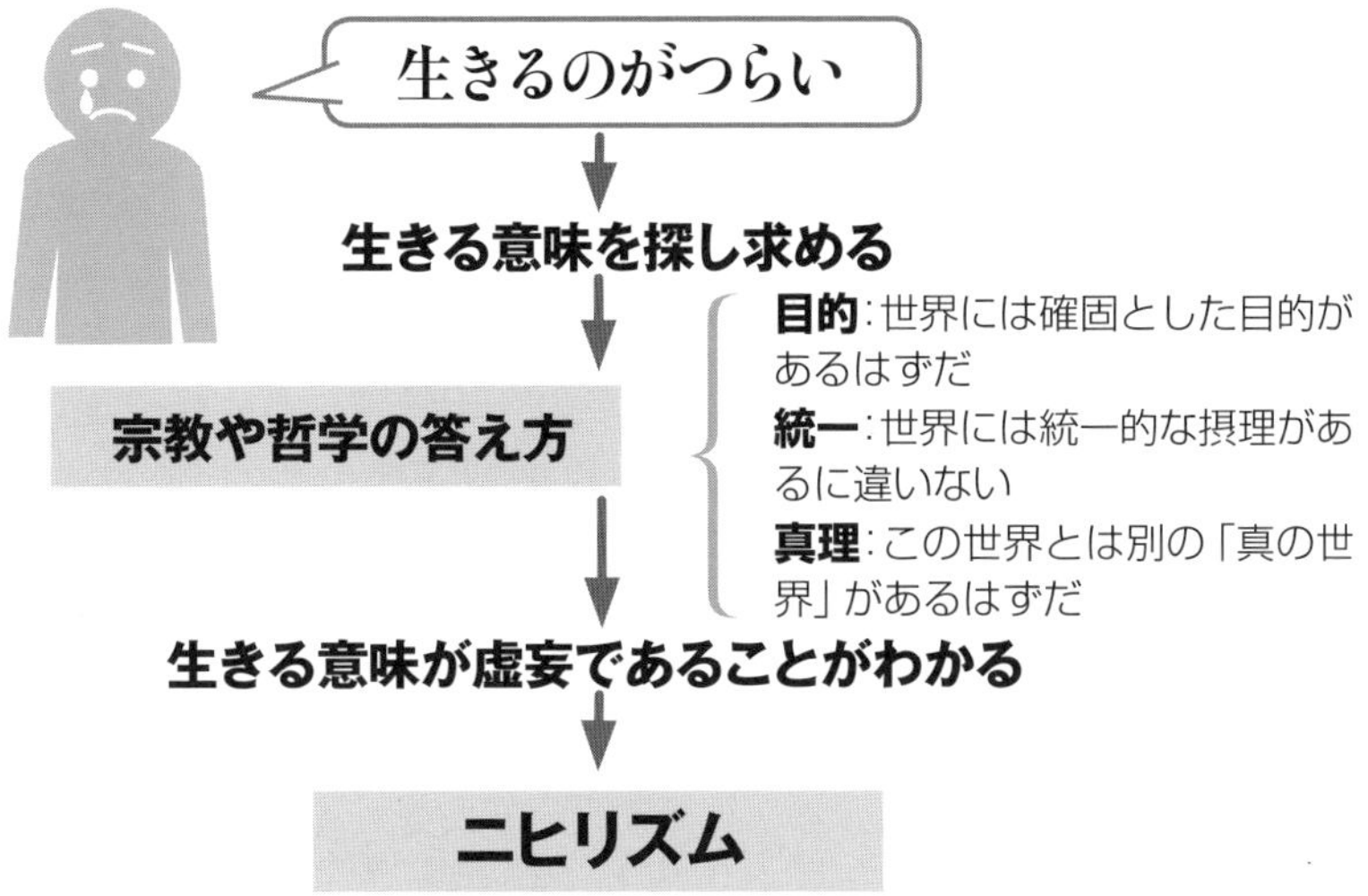
生きるのがつらい
生きる意味を探し求める
宗教や哲学の答え方
目的：世界には確固とした目的があるはずだ
統一：世界には統一的な摂理があるに違いない
真理：この世界とは別の「真の世界」があるはずだ
生きる意味が虚妄であることがわかる
ニヒリズム

信仰と誠実と道徳こそ人間の本来の価値だという人間観。ここにこそ、現代社会でニヒリズムが必然的となる根本原因があった、と言うのだ。

キリスト教の世界解釈を起源とするヨーロッパのニヒリズムは、いま時代の戸口を叩くが、それはどういう形をとるだろうか。ニーチェによると、「ロマン主義」「懐疑論」「相対主義」「機械論的科学主義」「無神論」「反動的倫理主義」「ペシミズム」、そして「デカダン」がそれである。

なぜだろうか。**キリスト教に代わる近代のあらゆる新しい思潮は、じつはどれもかつての「偉大な生の目標」を失ったことに対する〝反動形成〟としての性格をもつ。**そこにあるのは、キリスト教的な「真理」と「道徳」観念の現代版か、あるいはその性急な〝打ち消し〟の思想だけだ。

ほんとうに必要なのは、思想の反動形態ではなく、人間の価値の根底を徹底的に考察し新しい原理として打ち立てることだ。こうしてニーチェは、いまやはっきりと、未踏の思想の道、つまりまったく新しい価値定立の道へと踏み込んでゆく。

Break Time もう一つのプロポーズ

礼儀正しいニーチェは女性に嫌われはしなかったようです。軽い下ネタも飛ばし、お堅いわけでもなかったようですが、もともと自意識過剰ぎみなうえ、シャイで恋愛に疎《うと》い男子校タイプだったと思われます。そして恋すると、不器用ゆえの大胆さか、案外すぐに行動に出ます。しかも相手の女性をよく知らないままに。しかも自分本位のペースで。

まだ若き大学教授だったニーチェ31歳の春、友人と旅行中にオランダの若い女流音楽家、マティルダ・トラムペダッハに出会います。数日交際し、4時間2人きりで散歩をしただけで、プロポーズを決意。彼女が語ったある小説の感想が気にいったとか。その告白の手紙がなんだか一方的です。抜粋ですがこんな調子。

「(略) **あなたは私の妻になろうとお思いになりますか？　私はあなたが好きです。**(略) **いっしょに暮らした方が、ふたりとももっと自由に、もっとよく、つまりより高く、なれるだろうとお思いになりませんか？　私と一緒に暮らそうと思いますか？　私は心から自由と改善を求めて努力します。**(略) **どうか率直に、そして包み隠すところなくお答えください**」

ラブレターというより、選挙演説のようです。しかもまずいのは、返信用封筒を同封して彼女に返事を催促しているんですね。「**私は明日出発するので、できれば朝10時までに投函《とうかん》してくれれば次のホテルで受け取れて都合いい**」と。結果は言うまでもないですね。

ニーチェも旅から帰って、我にかえったらしく、無作法を手紙でわびています。しかし、気づくのが遅すぎました。

第3章 ニーチェ思想の核心——ニヒリズムの克服

末人の湯
あ〜極楽極楽…
こりゃ長生きしますなぁ
人生　健康が
一番ですよ
もう少し
年金もらえたら
言うことないですな
ま…
まつじんめ…
人類を滅ぼす
気…か…
ゼー
ハー
ツァラ
怒りで
のぼせた

39歳——43歳

『ツァラトゥストラ』執筆期のニーチェ

❖代表作目白押しの5年間

1883年 39歳

2月、ジェノヴァで**『ツァラトゥストラ』**(➡p98)第一部の執筆開始。約10日で完成させる。

ワーグナー死去。

5月、『ツァラトゥストラ』第一部刊行。

9月、『ツァラトゥストラ』第二部刊行。

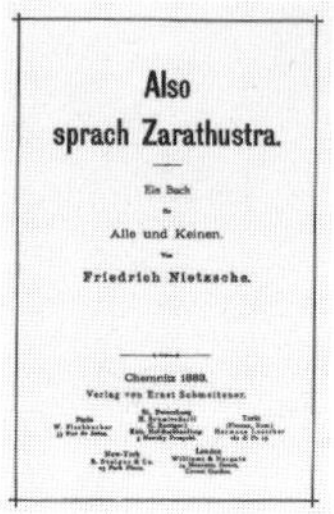

『ツァラトゥストラ』
10日で書き上げたという記述は『この人を見よ』のなかにみられる

1884年 40歳

4月、『ツァラトゥストラ』第三部刊行。

1885年 41歳

4月、『ツァラトゥストラ』第四部(私家版)刊行。わずか40部の印刷で、七人の友人に贈られた。

妹**エリーザベト**、反ユダヤ主義者のベルンハルト・フェルスターと結婚。

妹のエリーザベト
結婚を機に、ニーチェは妹と疎遠になった

ベルンハルト・フェルスター
元ギムナジウム教師。新ゲルマニアの破綻後、自殺

1886年 42歳

1月、妹エリーザベト、純粋なアーリア人

世界の動き

1883
(英)スティーブンソン『宝島』
(米)エジソン、ラジオ用真空管発明
(仏)モーパッサン『女の一生』
(独)コッホ、コレラ菌発見
疾病保険法(ビスマルクの社会保険政策の一環)
ダイムラー、最初の自動車を製作

1884
(英)イギリスの社会主義者団体フェビアン協会結成
(独)エンゲルス『家族・私有財産・国家の起源』
(英)『オックスフォード大学英語辞典』第一部出版(完成1928年)
(独)ケッペン、世界気候を6型11区分に分類
清仏戦争(ベトナム支配を争う)
(米)ルイス・ウォーターマン、万年筆を発明
(鮮)甲申事変(親日クーデター)失敗

社会「**新ゲルマニア**」の建設を企て、夫とともにパラグアイに出発。

8月、**『善悪の彼岸』**(⬇p100)**自費出版**。

このころ、遺稿となる『権力への意志』の全体像を構想する。

9月、『悲劇の誕生』の序文を付け替えた新版を刊行。以降、『人間的、あまりに人間的』を『人間的、あまりに人間的I』、『さまざまな箴言』と『漂泊者とその影』を『人間的、あまりに人間的II』として、新しい序を付け刊行。

1887年

43歳

2月、**ドストエフスキー**の著作にはじめてふれる。**『地下室の手記』**を読む。

5月、ルー・ザロメ、ニーチェにアンドレヌスとの結婚を知らせる。

10月、ルー・ザロメの詩に作曲し、ペーター・ガストに編曲させた《生への賛歌》を出版。

11月、**『道徳の系譜』**(⬇p102)**自費出版**。

『道徳の系譜』
『善悪の彼岸』の解説書として位置づけられる著作

新ゲルマニアでのエリーザベト(左から2人目)

ニーチェ・ハウス
ニーチェが滞在していたシルス・マリアの宿

ドストエフスキー
ニーチェはフランス語訳で『主婦』『虐げられた人々』『悪霊』などを読んでいた

ペーター・ガスト
ニーチェを敬愛した作曲家。ニーチェの死後、エリーザベトとともに、『権力への意志』の編集にも関わる

1885
(独)ルー・ザロメ『神をめぐる闘い』
(露)クロポトキン『ある革命家の手記』
英伊協商
(清・仏)天津で講和条約(フランスのベトナム支配承認)
(印)全インド国民会議発足
(日)内閣制度成立
坪内逍遙『小説神髄』(〜1886)

1886
(英)ビルマ併合
(仏)モレアス『象徴主義宣言』
(米)アメリカ労働総同盟結成
(日)文部大臣森有礼「学校令」公布

1887
(独)ヘルツ、電磁気の存在を実験で証明
(英)コナン・ドイル『緋色の研究』
(独)フェルディナント・テニエス『ゲマインシャフトとゲゼルシャフト』
(英)ロンドンのロイズ、初の陸上保険
(日)二葉亭四迷『浮雲』

ツァラトゥストラ

原作＊ニーチェ

人類に贈る新しい聖書

原作は長大なので、ポイントをしぼってあらすじを追いました。全4部作ですが第3部までにほぼ大切な思想はつまっています。（ニーチェもそう言っていた）ゆえに、第4部は補足的につけ足すのみにしました。
HAHAHAHA
30歳で故郷を捨て山の洞窟にこもったツァラトゥストラ
お供はワシとヘビ
そこで10年間ひとり楽しく精神について学んでいた
本は無いかも
ある夜明け…彼は昇る太陽を見る
おお…偉大な天体よ おまえのあふれる光も注ぐ者がいなければおまえは幸福ではないだろう…
私も同じだ…下界の人々に私の熟した知恵を贈りたいと思う…もう知の蜜があふれそうだ
ツァラは山を下りる
途中、森でひとり住む老人と会う
おまえは火（理想・知）を谷（世俗）に運ぶのか？やめておけ 人間なぞ愛する価値はない
あなたはここでは何を？

歌を作って
完全なる神を
たたえておる
うわ…
あの老人
聞いてないんだ
「とっくに神は死んだ」ってこと
街の市場
わわわ
す…
さあ…
「没落」
開始!!
私は
あなた方に
「超人」を
教える
びくっ
みかん
超人とは
未来の
人類のために
己を使い果たす
…つまり
没落できる
者のこと!!
なんだ
なんだ
超人とは
神なき
この地上で
常に創造し
乗り越える者!!
決して
天国を語る者を
信じるな
さあ今こそ
超人めざし
立ち上がれ!!
くすくす
ははは
わっけ
わかんねー
ここ笑うとこ
…?
しかも冷笑
君ら…
かしこいつもり
かもしれないが
…
ただ身を守るための
教養など
知恵じゃないぞ
君らは
創造せず
病気や
トラブルを
おそれ…
安穏とした
人生を「幸福」と
呼ぶのだな
はっきり言って
そういうの
「末人」って
言うのさ
そんでもって
群れてるから
「畜群」だ
はいはい
末人
けっこう!
あ、サーカスの
綱渡りが
始まるぞ!
どやどや
行こう
行こう
・・・
あなた
もしかして
手のこんだ
前座?

その事故は突然起こった
へへへ
ワーっ
綱渡り師が急にうしろから来た道化師（人生の予期せぬできごとの象徴）によって落ちる！
ツァラはかけよる
フフフ…こんなヤバい仕事だもの…いつか悪魔がぼくの足をすくうと思ってたんだ…きっと地獄行きさ
まさか！悪魔などいるものか!!君は悪くないただ危ない仕事を選んだだけだよ!!
男はツァラに感謝して死ぬ
その男を葬ってやった
ツァラは悟る
届かない末人に語るよりも弟子や友に語ろうと
というわけで「まだら牛」という街で再び没落スタート！
これから君たちに精神の成長の形を教える!!
サルから人間みたいなイメージね！
今度は弟子や友
精神は最初ラクダみたいなんだ「為《な》すべし」…つまり古い価値に従って義務で動く
ぎむ
ああ！コツコツ学ぶべきことがいっぱいだ…
でも知力がたまってくると自由精神がめざめる!!ライオンになって古い価値と戦う
ガブ
古い価値
「汝為《なんじ》すべし」って命令したのに～
カント？
うるさい!!我欲《われほっ》す!!
最後は無垢《むく》な小児になる
小児は遊びに夢中で世界を全肯定だ！
キャッ キャッ
つまりこう言う
世界はそうなってる！そのまま受け入れる！って感じ
然《しか》り!!

他にもここで いろいろ説教&講義
理想の友について ☒憧れ合い、ライバルであれ！（ジョーと力石？）
理想の女性について ☒超人を生みたいと望め（サラ・コナー？）
キリストについて ☒もともと高貴な人。長生きしたら教えを撤回したろうに…
ひととおり知の種をまいたツァラは山に戻る
お別れだ… いいかい… 神は死んだんだ めざすは超人！
私を超えて行け！
プレゼントのつえ
師よ … どうぞこれを
第2部
再び洞窟にこもり学ぶツァラ…そこへ鏡を持った子供が現われツァラに「あなたの教えが下界でまちがって伝えられている」というイメージを伝える
えっ マジで？
今度は「幸福の島々」に行き再び弟子に説教
もう一度再チャレンジだ!!
そして今度は敵と戦う
敵とは「ウソの理想」を説く近代人たちだ たとえば…
学者
君らは細かい作業が得意で器用なだけ！
毒ぐも（正義論者や平等論者）
負け犬の復讐から出た平等主義さ！人間は平等なものか！それが正義だ!!
マルクス？
——とこんな調子
その間たまには疲れて夜に感傷的な気分になったり
…
ZZZ
夕ぐれに「何のために生きるのか」とたそがれたり
ふーん
それでも私は生を愛してるんだよね…
生と智の乙女
智
生

でもまた ふるい立ち… がんばって 説教したり
客観的真理など ない!! 先に 人間の意欲!! 「力への意志」が 善悪をつくり だすんだ!!
そんな揺れる ツァラに 強敵が現われる
ある予言者
びくっ
いっさいは むなしい… いっさいは 同じこと…
すべてはただの 繰り返しさ… 穀物を収穫しても どうせ腐る 人生は生ける 墓だよ…
ツァラは少なからず ショックを受ける その後 不安の あまり悪夢を見る
うわあああ
オレが 墓守りに
ケケケ
なんとか再び立ち直り 弟子たちと街を 歩いていると…
もう負け ないぞ…
せむしの 不具者(訳文ママ) たちに会う
ツァラよ… あなたの教えを もしいっきに 広めたいなら …たとえばこの私 せむしの男の コブをとって やればよい… (キリストみたいに)
ダメだ! せむしの男から コブをとったら せむしの精神ごと とってしまうことに なるぞ!
「コブがあった」を 「コブを欲した」に せよ!! これが 私の 教えだ
ふーん…だが …ツァラよ あなたは 私に対する口調と 弟子に対する口調が ちがうようだね… (自分に対しては どうなんだい?)
え…?
(自分は欲するのかい?)
ある夕方―― 最も静かな時刻
ツァラトゥ ストラよ おまえはそれを 知っている ではないか
突然声なき声が 天から聞こえてきた (聖書の神の声のパロディ)

ああ…
ガクッ
私は…私は
確かに
それを
言おうとした!!
だができない!!
許してくれ!!
私の力を
超えて
いる!!
おまえの
都合など
知らん!!
おまえはそれを
語って 自らは
くだけるのだ!!
「没落」のこと
だめだ
勇気が
ない…
私は欲しない!!
おまえは
もう一度
山にもどって
孤独になれ!
いっそう
熟すのだ
わあああ
?
?
ツァラは
自己嫌悪で
泣き崩れる
そして
弟子たちと
別れた

第3部…いよいよ「それ」の正体が明かされる

ツァラは島を
出る船の上で
船のりに語る
幻を
見たんだ
ある夜 ちびの男が
こう言うんだ…
そいつは知的ぶった
ニヒリストで私は
「重さの霊」と
やつのことを呼んで
いるのだが…
時は
繰り返す
だけさ
…
ふん…それがどうした
「これが（繰り返すのが）
生だったか! なら
もう一度!!」と言えば
いいんだ!
…と
思いは
したが
こわくなってきた…
もしや「今」は一度
起きたことなのか?
永遠に同じことが
繰り返すだけで
…
このちびとも
すでに会っていて…
この月光も…這《は》ってる
クモも昔存在し
またやってくるとしたら…
ワンワン
はっ
この吠え声!!
子供のころ
聞いた気がする

わんわん
ううう…
へびが… 羊飼いの咽《のど》に かみついている
噛め！
へびの頭を 噛み切れ
ううう
ブチッ
すっく
HAHAHAH
哄笑
ああ…彼はもう 人ではない…この笑い声 ステキだ…!!
このへびこそツァラが 「それを欲《い》しない！」と言って しまった「それ」にまつわる 苦しみの象徴だ
それとは 「永遠回帰」の ことである
永遠回帰とは 「神無き世界で 時が永遠に 繰り返す」という ニーチェが想定した 一見救いのない 厳しい世界像だ
すごい幻だったな… でももし… 考えるだけでも こわいそれ《い》 （永遠回帰）を ありのままに「然り！」 と受け入れて 笑って 「我欲《われほっ》す」と言えたら… あの羊飼いのように
船のりと別れ 山に帰る旅を 続けるツァラ
その道の 途中
ん？
都市は逸楽と 悪徳で腐敗 している
精神の 探求も 言葉 遊びだ
うわっ まるで私の サルマネ ではないか
やめよ!! 吐き気がする
おまえの不平や 軽蔑はただの 世間への復讐だ この不平豚！
もしどうしても ここが愛せぬなら 森へ行くか 他で耕せばよい
愛せない 時は 通りすぎる のだ!!

その後も何人か残念な人々に会いながら帰路の旅は続き…
無事帰還!!
ただいまー
ツァラさま♥
恋しゅうございました♥
そして…今度こそ精神がしっかりと満ちるのを待った
ある朝ツァラは叫ぶ
うわああ
びくっ
おまえ 深淵な思想(永遠回帰) さあ来い!!
もっと間近に寄れ!
ああ来たな!! うれしい!! さあもっと手を……
あっ放せ
放せ
吐き気が吐き気が
どおっ
…
…
ツァラはそのままねこむ
動物たちはせっせとお世話した
う〜ん
7日後に復活!! (キリスト復活のパロディ)
ムク…
ツァラさま!! 世界はあなたを待ってます
これリンゴ? うまいね
…
シャリッ
……あのとき私は黒いへびと戦ってたんだよ… 咽に入りこんできたから吐き気がすごくてね 嚙み切って吐き出した!
「へび」とはね…「永遠に繰り返される世界の中でつまらん人間どもが永久に生まれて死ぬだけでいっさいがムダだ」という倦怠《けんたい》のことさ…
こんなつらい世は生きてる甲斐がないって気持ち!!
ようやっと「永遠回帰」の倦怠を乗りこえ 静かな気持ちになるツァラ… 動物たちは去り 改めて「生」を見つめ直す
…
踊りましょう
カスタネット
カチン
生

私…あなたをずいぶん翻弄したわね
喜ばせたり苦しめたり……
でも… 私はあなたが好きよ…
なのにあなたは言うほど私を愛してないわ だって もうすぐ私から離れる気でしょ？
知ってるわ…あなた…没落していつか死のうとしてる
そうだよ…でもね…私もおまえのことを知ってるよ…
!!
おお あなたはそれ（永遠回帰）を知っているのね…まだ誰も知らないことなのに…
2人は夕べの草地で見つめ合った
ここはきれいね…善悪の彼岸よ
私たちは善にも悪にも仲間はずれ…だからようやくここを見つけたわね…
生よ…おまえが愛しい…
そして生の歌がうたわれる時計台の鐘が鳴りひびくように
カーン
カーン
カーン
カーン
一つ！ おお人間よ。心して聞け。
二つ！ 深い真夜中は何を語る？
三つ！ 「わたしは眠った、わたしは眠った――、
四つ！ 深い夢からわたしはめざめた。――
五つ！ 世界は深い。
六つ！ 昼が考えたより深い。
七つ！ 世界の痛みは深い――、
八つ！ 悦《よろこ》び――それは心の悩みより
いっそう深い。
九つ！ 痛みは言う、去れ、と。
十！ しかし、すべての悦びは永遠を欲する――。
十一！ ――深い、深い永遠を欲する！」
十二！
真夜中の12時です

そのあとツァラは「七つの封印」と称して（新約聖書のクライマックスであるヨハネの黙示録のパロディ）今までの自分のすばらしい体験を七度ふり返り苦も楽も永遠にめぐる生を全肯定する
私はおまえを激しく欲する!!
おまえを愛する…!! おお永遠よ！
ついに「然り！」の精神に達したツァラ!! ブラボー――!!
第4部 …月日が流れツァラは白髪に。最後の試練を乗りこえる
ツァラは絶望や虚無感にさいなまれている高人たち（立派な王や学者や芸術家）を宴《うたげ》に招く
創造する者たち…
あなた方は 次の世代の高みをめざす者たちの階段になりなさい
すっかり楽しくなった高人たち
ああ…今日はじめて本当の生き甲斐を感じました…これからは「これが生だったか！ ならもう一度!!」と言えます
高人たちは深く感謝するが――
帰りぎわライオンにおそわれる
キャーッ
ガオォ
うわっ かわいそう
待てよ… そうか！ ついあのような高人たちに同情してしまうのが私の弱さなのだ！
ツァラはこれが「最後の試練」と気づく
個人的不運がなんだ！ 君たちは君たちでなんとかやっていけ！ 私の苦しみにも同情はいらん!! 私はひとりよき人類のために働くぞ！
これが私の朝だ！
ツァラトゥストラはこう語った。そしておのが洞くつをあとにした。暗い山々からのぼる朝の日のように、焚火《たきび》と力にみちて。（訳文ママ）
没落へGO!!
完
ちょっとゴーインな第4部です…

『ツァラトゥストラ』——神なき時代の新たな思想

「超人」と「永遠回帰」の書

ニーチェの思想が凝縮した小説的作品

『ツァラトゥストラ』は、名実ともにニーチェの代表作である。**彼の中心的な思想は、この本にほとんどすべて描き尽くされている**とさえ言っていい。ニーチェ自身、のちに、「わたしはこの書で、これまでになかったような人類への大きな贈り物をした」と自画自賛している（『この人を見よ』序言）。

ニーチェがこの著作を書いたのは、四十歳前後のこと。激しいインスピレーションにうたれたニーチェは、一八八三年、イタリアのジェノヴァに近いラパロという町で、第一部をわずか十日間で書き上げた。

本書は、**哲学書としては珍しい小説風のストーリー仕立てで書かれた作品**である。物語は、十年間山にこもって知恵をためたツァラトゥストラが、山を下りて人々に説教をする場面から始まる。彼はまず言う。「**神は死んだ**」のだと。

『ツァラトゥストラ』におけるニーチェのもくろみは、**キリスト教に代わる新たな価値を打ち立てること**にあった。そのため文体や内容も、宗教改革者ルターによって訳された、ドイツ語訳『新約聖書』のパロディのような性格をもっている。

「絶対」を喪失した時代の生き方

ニーチェによれば、**キリスト教的価値観とは、ひとことで言って「ルサンチマン」（恨み・そねみ）の道徳**である。**神とは、弱き者たちが、弱い自分たちこそが救われるはず（べき）だという妄想によって作り上げた存在である。**ニーチェはそう主張する。しかし人々は、やがて神など本当は存在しないということに気がつくだろう。いや、われわれはすでに、そのような時代へと足を踏み出しているのだ。ニーチェはそう考え、本書において、**神なき時代の新たな思想を提示する**。

「超人」と**「永遠回帰」**。これら二つが、『ツァラトゥストラ』を貫くニーチェの二大思想である。

神に象徴される、「絶対」を失ってしまった現代の私たち。『ツァラトゥストラ』は、そんな私たちに、新しい生き方を教えてくれる作品といえる。

『ツァラトゥストラ』の二大思想

『ツァラトゥストラ』には、ニーチェの思想のすべてが注ぎ込まれており、それらは「超人」「永遠回帰」という二大思想に結実している

超人＋永遠回帰

- キリスト教道徳批判
- 形而上学批判 近代認識論批判
- 力への意志
- 神の死とニヒリズムの到来
- 芸術と美
- 運命愛

理解が深まるニーチェの言葉

私はその日シルヴァプラナ湖にそって森の中を歩いていた。ズルライ村にほど遠からぬ巨大なピラミッド型にそびえた岩山のそばで私はたちどまった。そのときこの思想が浮かんだのである。

（『この人を見よ』）

解説 1881年の夏、シルス・マリアに滞在中のニーチェは、シルヴァプラナ湖畔で突然、「永遠回帰」の思想に襲われた。さらにその2年後の1883年2月、ジェノヴァ近くの海辺を散策する道すがら、『ツァラトゥストラ』（第1部）全体のインスピレーションに襲われ、2月3日から13日までの10日間で、一気に第1部を書き上げた。

『ツァラトゥストラ』の解説書

『善悪の彼岸』――近代的道徳を徹底批判

モチーフは「近代性への批判」

『善悪の彼岸』は、『ツァラトゥストラ』第四部とほぼ同時期に書かれたもので、『ツァラトゥストラ』の一種の解説書のような性格ももつ作品だ。実際、**『ツァラトゥストラ』が全編に比喩のちりばめられた難解な文学的作品だったのに対して、本書ではニーチェの主張がかなりストレートに語られている。**

ニーチェの自伝的作品『この人を見よ』によれば、『善悪の彼岸』のモチーフは**「近代性への批判」**にあった。

ニーチェがここで言う近代性とは、まずは科学的な「真理」「客観性」への信仰である。ニーチェに言わせれば、これはキリスト教における絶対的な「神」の現代版である。絶対的な「真理」などありえない。にもかかわらず、現代科学は「真理」を求める。その心性の奥に、ニーチェはやはりまたしても**ルサンチマン**を見出し批判する。それは、**今の苦しい世界ではない「真理」の世界があるはずだという、ルサンチマンが**作り出した幻想なのだ、と。

「主人道徳」と「奴隷道徳」

ここからニーチェは、近代における道徳的理想もまたこてんぱんに批判していく。「万人の平等」だとか、「すべての悩める者への同情」だとかいった理想は、弱者が作り上げた**「奴隷道徳」**である。**虐げられた者、自分に自信のない者たちが、権利の平等や同情といった反動的な道徳をこしらえたのだ。**ニーチェはこういって、近代の民主主義につばを吐きかけた。

この「奴隷道徳」に取って代わるものとして、ニーチェは貴族主義的な**「主人道徳」**を説く。**強く高貴な者は、「平等に扱われたい」「権利を認めてもらいたい」などとは思わない。**彼らは、自らの価値を自ら肯定することができるからだ。そこにルサンチマンはみじんもない。それは強者の道徳である。

「善悪の彼岸」、それは平等主義的な近代道徳を超えた、新しい価値規範のことである。ニーチェは、それまでの道徳観をひっくり返してしまおうと試みたのだ。

主人道徳と奴隷道徳

ニーチェは、強者の道徳である「主人道徳」と弱者の道徳である「奴隷道徳」とでは、価値規範がまったく異なることを明らかにした

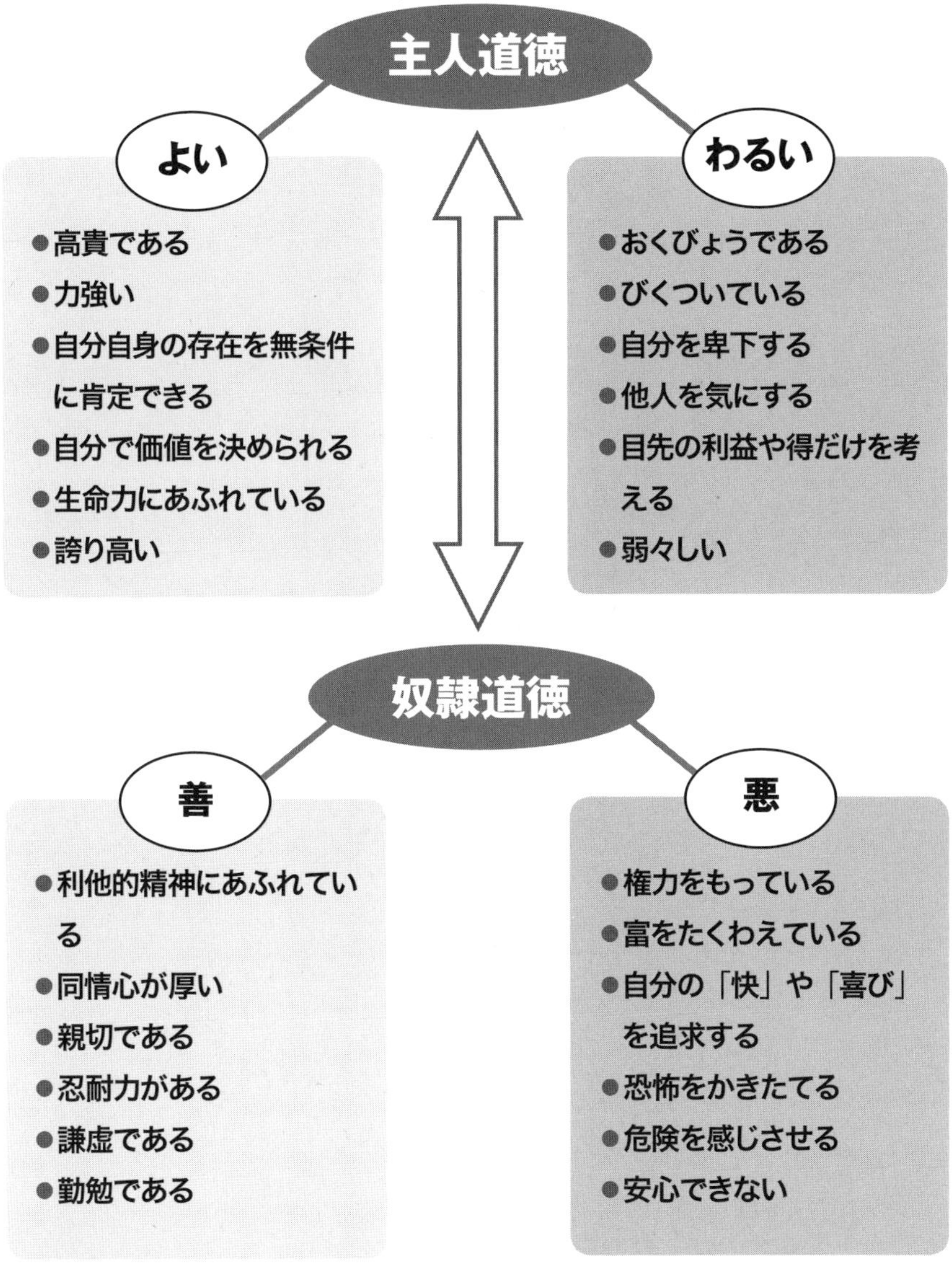
主人道徳
よい
●高貴である
●力強い
●自分自身の存在を無条件に肯定できる
●自分で価値を決められる
●生命力にあふれている
●誇り高い
わるい
●おくびょうである
●びくついている
●自分を卑下する
●他人を気にする
●目先の利益や得だけを考える
●弱々しい
奴隷道徳
善
●利他的精神にあふれている
●同情心が厚い
●親切である
●忍耐力がある
●謙虚である
●勤勉である
悪
●権力をもっている
●富をたくわえている
●自分の「快」や「喜び」を追求する
●恐怖をかきたてる
●危険を感じさせる
●安心できない

最も読みやすい代表作

『道徳の系譜』――禁欲主義はなぜ生まれたのか？

『善悪の彼岸』の姉妹作であり、前作の内容をより明快かつ徹底的に論じた、ニーチェ四十三歳の作品である。お得意のアフォリズムや文学的表現が比較的おさえられた論文形式の作品なので、**ニーチェ作品の中でも最も読みやすいもの**と言えるだろう。

本書は次の三つの論文からなっている。

第一論文「善と悪」・「よいとわるい」

第二論文「負い目」・「良心の疚《やま》しさ」・その他

第三論文　禁欲主義的理想は何を意味するか

『道徳の系譜』とは、まさにそのタイトル通り、**現代の道徳観がどのような系譜をたどって「道徳」だと人々に思われるようになったのか、その由来を明らかにするもの**だ。

「よい」の意味の転倒

ニーチェの主張は、おおむね次のようである。

本来、道徳的な「よい」とは、力ある者がいわば利己的に自らの力を十分に発揮できることを意味していた。『善悪の彼岸』で彼が論じた**「主人道徳」**のことである。ところがいつしか、それはまったく正反対の、「利他的」な行為を意味することになってしまった。

キリスト教道徳を激しく批判

この転倒は、いったいなぜ起こったのか。それはキリスト教のせいである。ニーチェはそう主張する。利己的にふるまうことのできない、虐げられた初期のキリスト者たちは、そのルサンチマンから、利己的な行為は悪である、したがって**利他的な行為こそが善だと、本来の「よい／わるい」の価値観を転倒させたのだ。**

さらにキリスト教は、ルサンチマンを強者に向けるにとどまらず、より屈折して、自分たち自身が原罪を背負った疚しい存在であるとまで言うようになった。そして**良心の疚しさに突き動かされて、禁欲的な生き方が美徳とされるようになったのだ**、と。本当は、禁欲の正反対のものこそが、「よい」の起源であったはずなのに。こうしてニーチェは、キリスト教道徳を激しく批判した。それは同時に、**「神」なき時代の新たな価値の必要を、強く訴えること**でもあった。

ルサンチマンが「よい」の価値を転倒させた

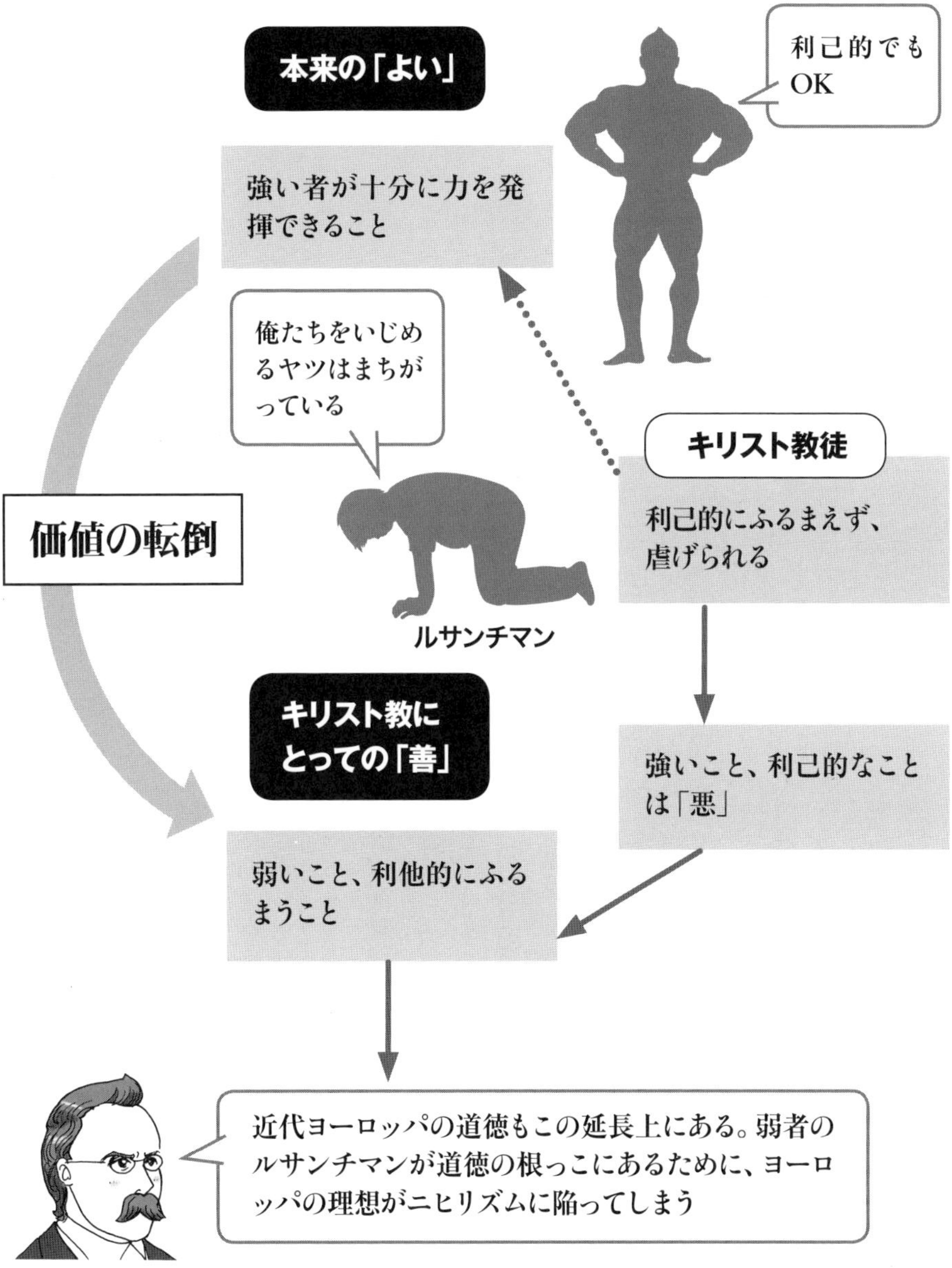
本来の「よい」
強い者が十分に力を発揮できること
利己的でもOK
俺たちをいじめるヤツはまちがっている
ルサンチマン
キリスト教徒
利己的にふるまえず、虐げられる
価値の転倒
キリスト教にとっての「善」
強いこと、利己的なことは「悪」
弱いこと、利他的にふるまうこと
近代ヨーロッパの道徳もこの延長上にある。弱者のルサンチマンが道徳の根っこにあるために、ヨーロッパの理想がニヒリズムに陥ってしまう

テーマ ルサンチマン ― ❶

“無力の歯ぎしり”が、自己正当化の物語を生む

ニーチェの言葉

すでになされたことに対する無力――意志はすべての過ぎ去ったものに対して怒れる傍観者である。

（「救済」『ツァラトゥストラ』）

あなたのルサンチマン度をチェック！

4つ以上あてはまる人は要注意！

- □ 友人や知人にグチをよくこぼす
- □ ミスがあったとき、他人のせいにしやすい
- □ 自分の境遇を社会のせいにしやすい
- □ 自分は他人から適切に評価されていないと思う
- □ 他人と意見がぶつかったとき、モヤモヤしがち
- □ 物事をあきらめやすい性格だ
- □ 自分をリセットしたいと思う

ルサンチマン（ressentiment）とはフランス語で「恨み・妬み」を意味する言葉だ。たとえば人はときに親を恨む。「両親はケンカばかりしていて、自分が困ったときに助けてくれなかった。こんな親じゃなかったら」と。このように、**過去や現在の変えられない物事（親、学校、社会、過去のダメな自分など）を恨み、呪う心の動きが、ルサンチマンである。**『道徳の系譜』でニーチェがこの言葉を用いて広く知られるようになった。

では、ルサンチマンという心の動きはなぜ起こるのだろうか？　その根っこにあるのは、**「こんなのは絶対に受け入れられない。でもそれを変える力は自分にはない」という無力感**だ。そこに悔しくて仕方がない、という憤りがつけ加わる。だから『ツァラトゥストラ』

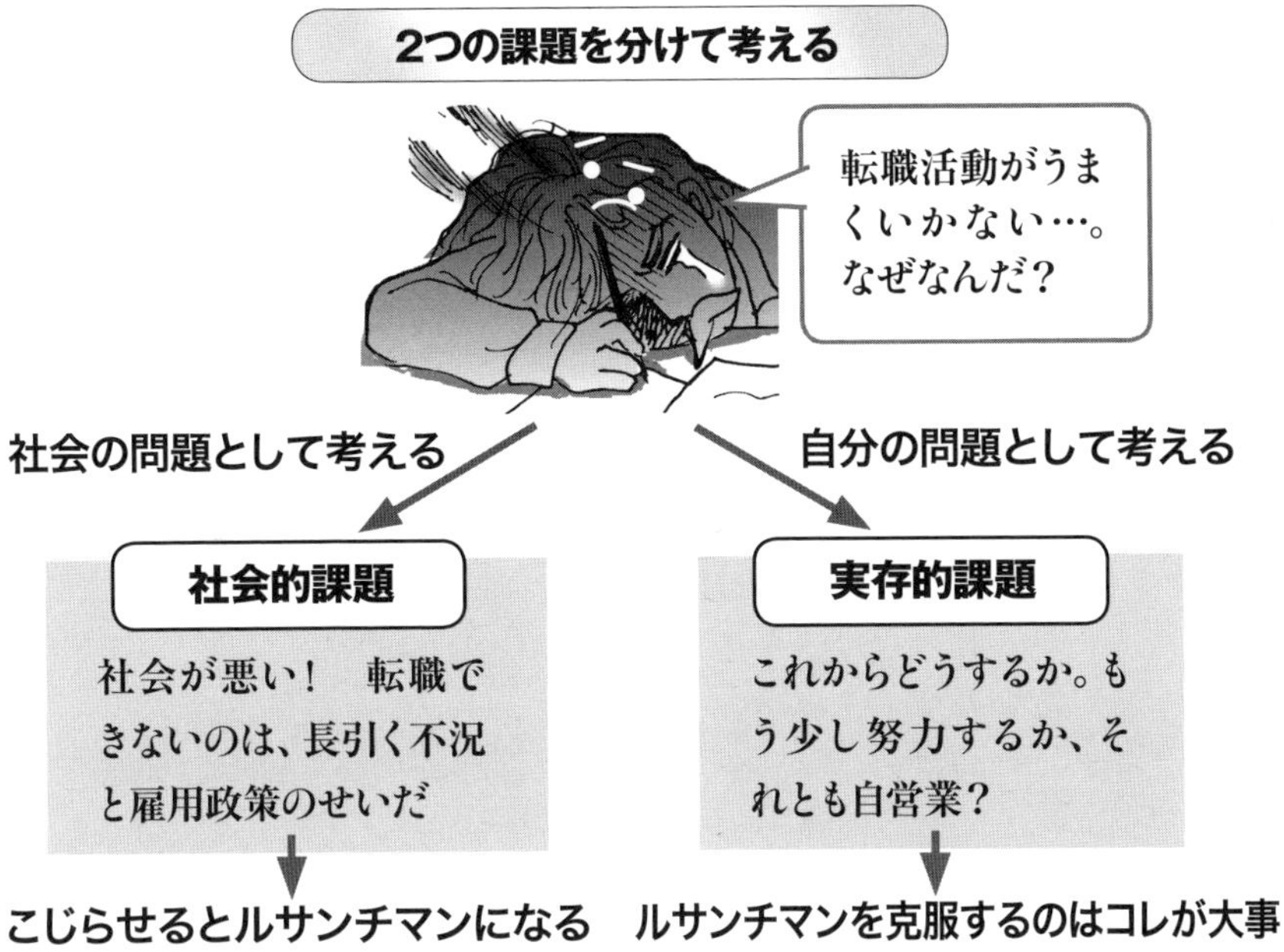
2つの課題を分けて考える
転職活動がうまくいかない…。なぜなんだ？
社会の問題として考える
自分の問題として考える
社会的課題
社会が悪い！　転職できないのは、長引く不況と雇用政策のせいだ
こじらせるとルサンチマンになる
実存的課題
これからどうするか。もう少し努力するか、それとも自営業？
ルサンチマンを克服するのはコレが大事

では、ルサンチマンは「無力の歯ぎしり」とも呼ばれている。

この無力の歯ぎしりは、攻撃対象を求める。つまり何かを「悪」として攻撃し、「自分は悪くない」と言いきかせようとする。たとえば「自分がひきこもりになってしまったのは、同調を強いる日本社会のせいだ」というような自己正当化の物語を作り出す。

この自己正当化という言い方に、反発を覚える人もいるかもしれない。「社会が悪いのは事実なんじゃないの？　あなたは社会はそのままで、個人ががんばるしかない、という話にしてしまうのか？」と。もちろん、社会をどうやって変えていくかという課題（社会的課題）は、確かにある。しかしそれとは別に、**自分はどのような態度をとって生きればよいか、という課題（実存的課題）もある。**そして、社会を攻撃することで恨みをはらそうとする姿勢のままでは、決して人は、自分自身の意志、つまり「私はこうやって生きていきたい」という積極的な気持ちをもつことができない。だからニーチェは、**ルサンチマンを克服せよ、恨む気持ちを噛み切って捨ててしまえ、**というのである。

テーマ ルサンチマン ❷

“呪うこと”も役に立つ？

ニーチェの言葉

「祝福することのできない者は、呪うことを学ぶべきだ！」――この明るい教えは、明るい空からわたしに降ってきた。

（「日の出前」『ツァラトゥストラ』）

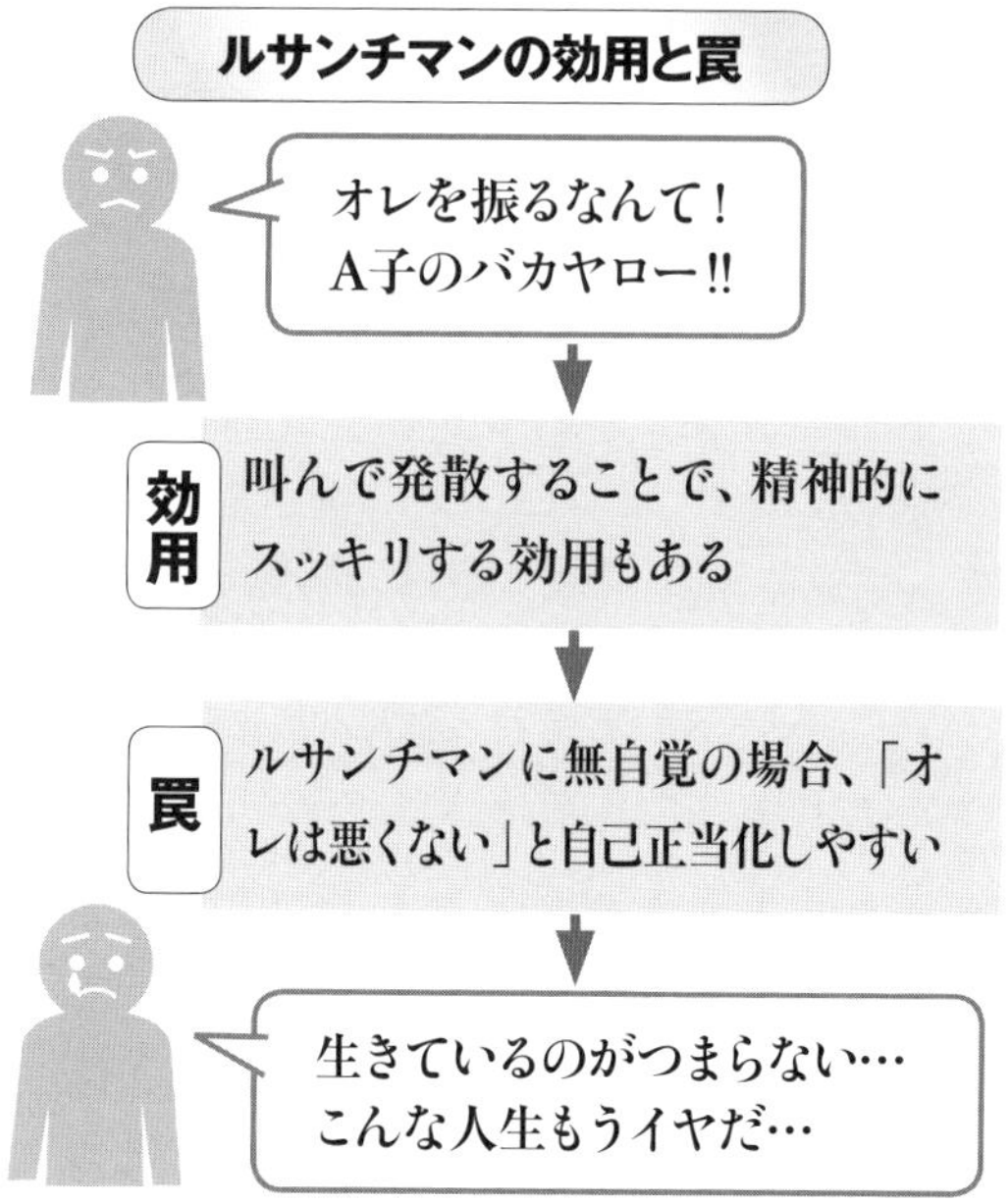
ルサンチマンの効用と罠
オレを振るなんて！
A子のバカヤロー!!
効用
叫んで発散することで、精神的にスッキリする効用もある
罠
ルサンチマンに無自覚の場合、「オレは悪くない」と自己正当化しやすい
生きているのがつまらない…
こんな人生もうイヤだ…

ルサンチマンには発散の快がある。耐え難い物事に直面せざるをえない苦しみを、親や社会を呪うことで発散しようとするのは、人間にとって自然な衝動でもある。じつはニーチェ自身も、**「呪うこと」の効用**を説いている。**どうしても受け入れられないようなときには、善人の顔をするな。**好きな人が誰かと結婚してしまったら「バカヤロー」と叫べ。それが精神の健康にとって必要なこともあるだろう、と。

たしかに、発散の必要を自覚しているなら、呪い叫ぶことも悪くない。しかし多くの場合、ルサンチマンは無自覚な攻撃衝動であって、しかもそこに自己正当化がくっついてくる。だからこそ、ルサンチマンは人間関係を破壊したり、自分で責任をもって生きる姿勢を失わせたりするのだ。

自己正当化は意志を育てない

見てよ　この
書類の山!!
部長のやつ
雑用ばっかり
おしつけてきてさ
うちの会社　女性を
うまく使えないのよ!
秘書課の山田さんが
昇進したのだってさ
ただかわいいからでしょ!
まったく無能としか
いえない人事で…
60分経過です
先輩…話してる
間にその書類仕事
終わってました

たとえば、自分の不幸を親のせいにする場合。自分の親が普通の親よりひどかったのは事実かもしれない。しかし、親のせいだ、と言い続けているかぎり、「では私はどう生きるのか?」と問わずにすむ。**自分の人生を作る主体は、自分だ。自分の人生を決めるのは自分の意志だ。**そういう肝心なことを、忘れてしまう。

ニーチェは言う、**「意志こそが人を自由にする」**(「救済」『ツァラトゥストラ』)。君の人生をキャンバスに喩《たと》えてみる。それはでこぼこで、あちこち染みがついているかもしれない。でもそれに文句をつけていても仕方がない。そのキャンバスにどんな色をどうやって塗るか、そのことは他ならぬ君自身にゆだねられているのだよ、と。

さらにニーチェは言う、**ルサンチマンは生きることのなかから悦《よろこ》びを汲《く》み取る力を弱めてしまう**、と。人と魂がふれあったこと、何かを作り出した達成感。そんな悦びを忘れさせ、世界を憎悪の色に染めてしまう。だからこそ、**ルサンチマンを噛み切ってまっすぐに悦びに向かう生き方を、ニーチェは人々に示そうとした。永遠回帰の思想もそこから生まれた**のである。

テーマ　超人と末人　1

人間よ、超人をめざせ！

ニーチェの言葉

人間は、動物と超人とのあいだに張りわたされた一本の綱なのだ、——深淵のうえにかかる綱なのだ。

（「序説」『ツァラトゥストラ』）

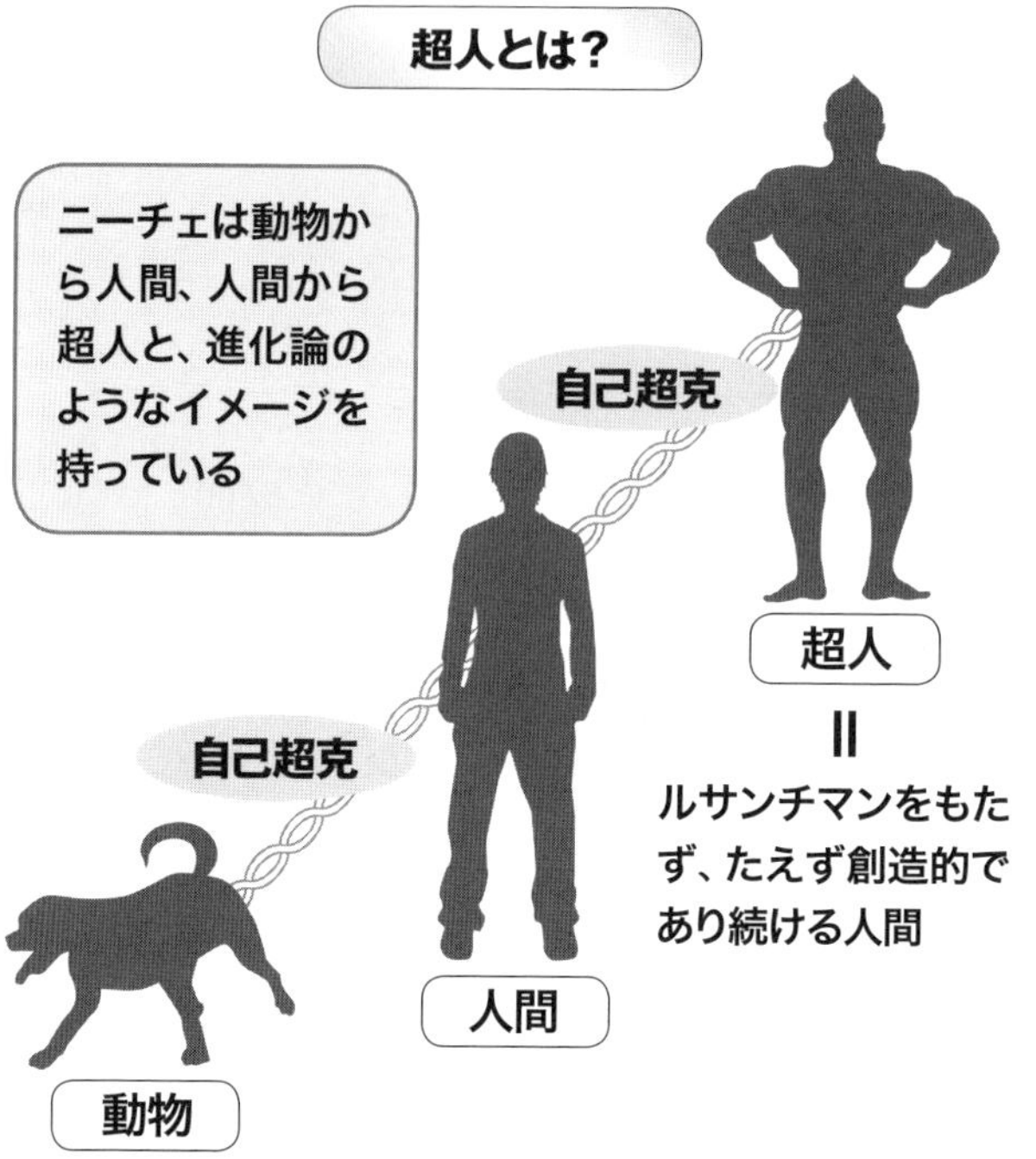
超人とは？
ニーチェは動物から人間、人間から超人と、進化論のようなイメージを持っている
自己超克
自己超克
超人
＝
ルサンチマンをもたず、たえず創造的であり続ける人間
人間
動物

ツァラトゥストラは、人々に向かって語る。人間はまだ途中のものであって、目的ではない。超人をめざして、君なりのやり方を試みよ。これまでの人の生き方を超え出て高まろうとせよ。もし失敗し破滅して（〝没落〟して）しまったとしても、そういう人をこそ私は愛す、と。

ニーチェのなかには、一種の進化論のような思想がある。あらゆる生命体は、それまでの自分をたえず乗り越えパワーアップしようとしてきた（〝自己超克〟しようとしてきた）。だから、**人間もまた自己超克し、超人をめがけなくてはならない**、と。でも、超人とはいったいどのような存在なのだろうか？　じつはツァラトゥストラは、「超人をめざせ」とは言うものの、その具体的な姿については沈黙し

意志こそが人を自由にする

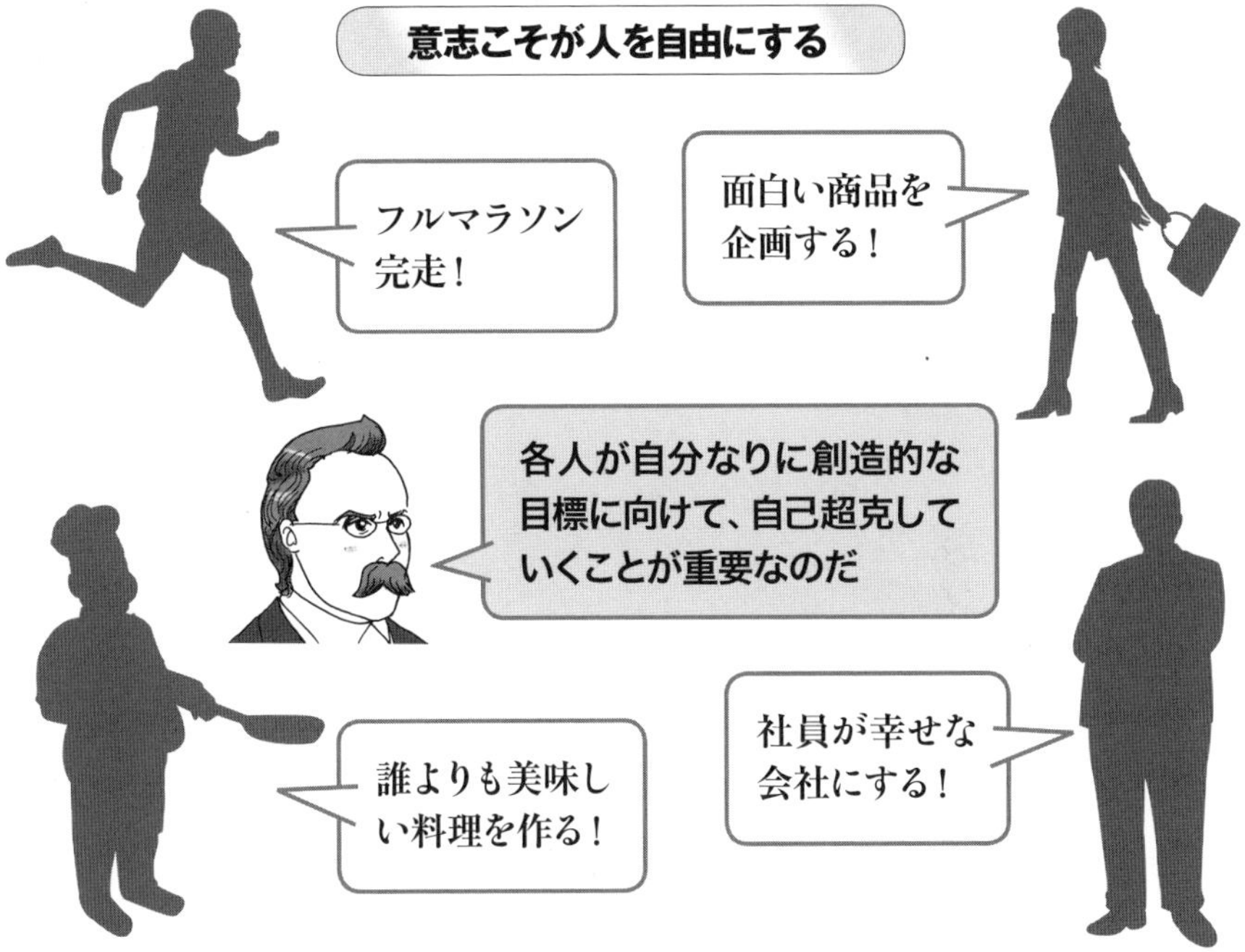
意志こそが人を自由にする
面白い商品を企画する！
フルマラソン完走！
各人が自分なりに創造的な目標に向けて、自己超克していくことが重要なのだ
社員が幸せな会社にする！
誰よりも美味しい料理を作る！

て語らない。

その超人のイメージと思われるものが、『悦《よろこ》ばしき知識』のなかにある。「**高揚した気分。**――たいていの人間は、数瞬間かせいぜい十五分くらいでもないかぎり、およそ高揚した気分があるとは信じないように思われる。……しかし、一個の高揚した感情そのものであるような人間、比類なく偉大な気分の権化であるような人間――歴史はいつかそのような人間を生むかもしれない」。**ルサンチマンをもたず、高揚した気分と全能感のなかでたえず創造的であり続ける人間。**つまり「たえざる自己超克」そのものになりきった人間こそが、超人なのだろう。

ではなぜ、ツァラトゥストラは超人のイメージを語らなかったのだろうか？　おそらくニーチェは、**超人が何かの固定的な目標や理想として受け取られるのを好まなかったのだ。**「汝《なんじ》は汝自身の道を行け」「汝自身の〝徳（価値観）〟を見出せ」とツァラトゥストラはしばしば語る。**各人はあくまでもその人なりの生き方を創造し、そうすることで高まっていかなくてはならない**、とニーチェは考えていたのだ。

テーマ　超人と末人──❷

安楽だけで満足できるか？

ニーチェの言葉

かなしいかな！　やがてその時がくるだろう。人間がもはや憧れの矢を人間を超えて放つことがなく、その弓の弦が鳴るのを忘れる時が。

（「序説」『ツァラトゥストラ』）

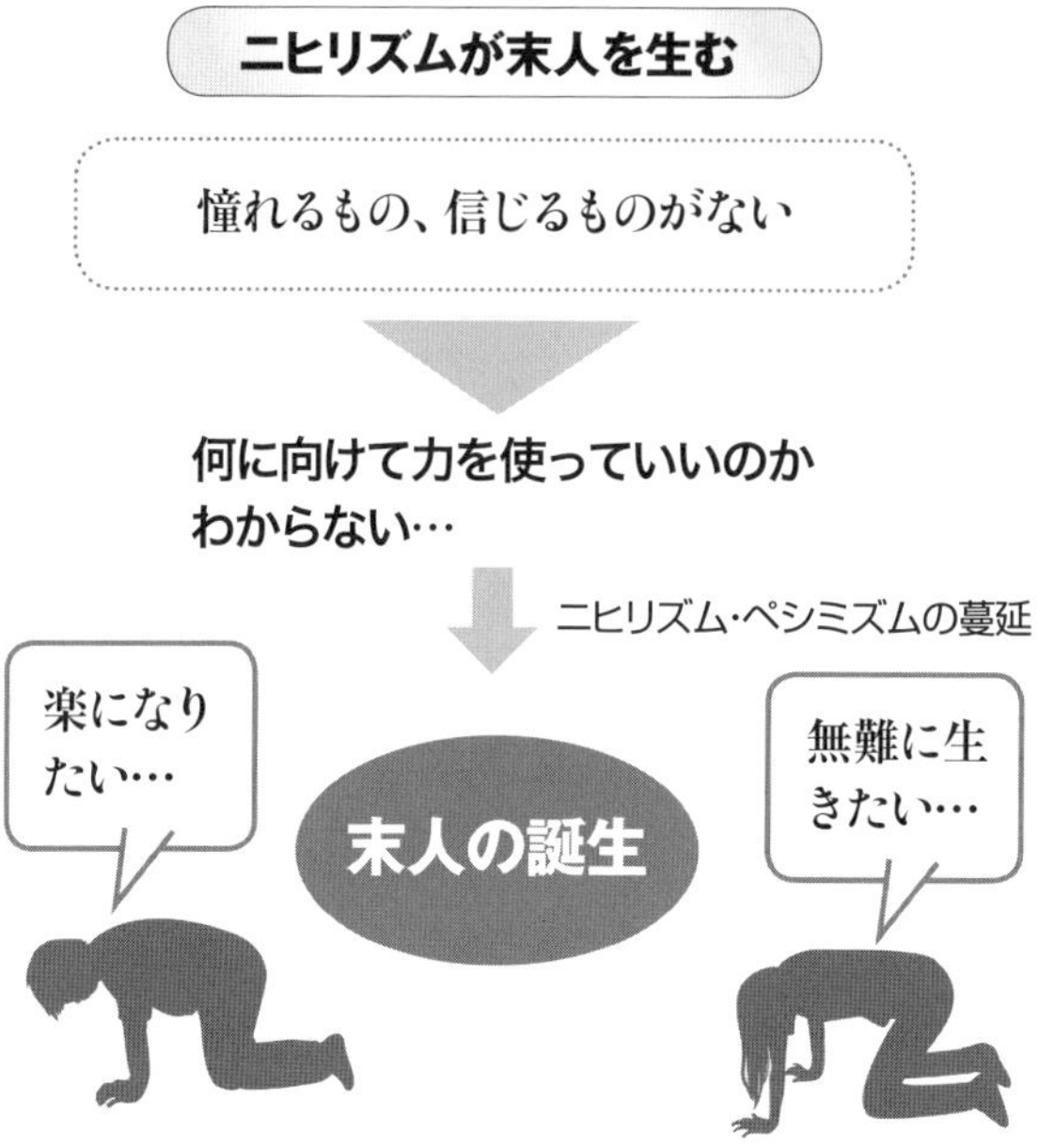
ニヒリズムが末人を生む
憧れるもの、信じるものがない
何に向けて力を使っていいのかわからない…
ニヒリズム・ペシミズムの蔓延
楽になりたい…
末人の誕生
無難に生きたい…

末人（最後の人間）とは、ひとことで言えば「憧れをもたず、安楽のみを求める人」のことだ。神が死んだニヒリズムの世界では、人は憧れるもの・信じるものを失い、高まろうとする気持ちも創造性も失ってしまう。そして、**安全で無難に生きることだけを求めるようになる。**ヨーロッパの歴史はこのような人間たちを最後に生み出すであろう、とニーチェは考え、それをひどく嫌悪した。

現在の私たちの姿も、かなり末人的かもしれない。「欧米に追いつけ追い越せ」という国家目標も社会変革の夢も、遠く七〇年代末に失われてしまった。八〇年代の若者は「見知らぬ世界を見てやろう」と海外に出かけていったが、現代では「海外なんてめんどくさい」という人も多い。読者のなかにも、ニーチェの言う〝がんばって

快適さと安楽さだけで満足できるか

末人の湯
あ〜極楽極楽…
こりゃ長生きしますなぁ
人生　健康が
一番ですよ
もう少し
年金もらえたら
言うことないですな
ま…
まつじんめ…
人類を滅ぼす
気…か…
ゼーハー
ツァラ
怒りで
のぼせた

高まろうとする姿勢〟を暑苦しく感じる人がおられるかも。

でも、快適さや安楽さだけで満足できるか？　と問うてみると、それは無理だとぼくは感じる。ニーチェは言う、**「形成するということは根源的な快楽である」**（『権力への意志』）。力を出し切って何かを作り上げたり達成したりするという快があってこそ、温泉でホッとするのも心地よい。**引き締まって活動することと、緩んでホッとすることとは、人生に不可欠な二つの要素だろう。**

でも、「何に向けて」力を使っていけばいいのだろうか？　何か「価値あること」（よい音楽や新製品、地域や誰かの幸せに役立つことなど）を見つけ、次にそれを作り出そうと試みなくてはならない。**ニーチェが求めたのも、各人がそれぞれの力を出し切って何か価値あるものを作り出そうとする、そんな生き方だった。**そうした生き方の純化されたモデルが「超人」であろう。

ニーチェの意見にぼくも賛成だが、超人思想につきまとう孤独・孤高なイメージだけは修正しておきたい。**人々が関わり合いながら「何が価値あるものか」を確かめ・作り上げていくというイメージ**のほうが、創造的な生き方にはふさわしいと思うからである。

テーマ 永遠回帰と運命愛 ❶

世界は同じ経過を永遠に繰り返す

ニーチェの言葉

おまえは、おまえが現に生き、これまで生きてきたこの人生をもう一度、さらに無限に繰り返し生きねばならないだろう。（略）おまえの人生のありとあらゆるものが細大洩《も》らさず、しかもそのままの順序で戻ってくる。

（『悦ばしき知識』）

永遠回帰の「擬似」自然科学的説明

物質とエネルギーはたえず変動している

▼

永遠に近い時間の経過のなかで、宇宙は過去の時点とまったく同じ状態になる

▼

再び銀河系、太陽系が生まれ、月と地球ができ、生命の歴史もそのまま繰り返される

▼

同じ歴史が繰り返される！

この宇宙を、物質とエネルギーがある仕方で組み合わさった状態だと考えてみよう。それはたえず動き、変化していく。私たちの生きているこの地球も、数十億年後には巨大化した太陽に飲み込まれてしまうらしい。**しかし永遠にも近い長い時間が経過していけば、宇宙はいつか、過去のある時点での物質とエネルギーの状態とまったく同じ状態にたどりつくだろう。**すると宇宙は、その時点以後の時間経過を寸分違わず繰り返すことになる。そして再び銀河系、太陽系が生まれ、月と地球ができ、生命が誕生し、そして私やあなたが姿を現わすだろう。

このように、**宇宙が同一の経過を永遠に繰り返していることを、ニーチェは「同一物の永遠回帰」と呼んだ。**

擬似自然科学的な説明によって語られる、この永遠回

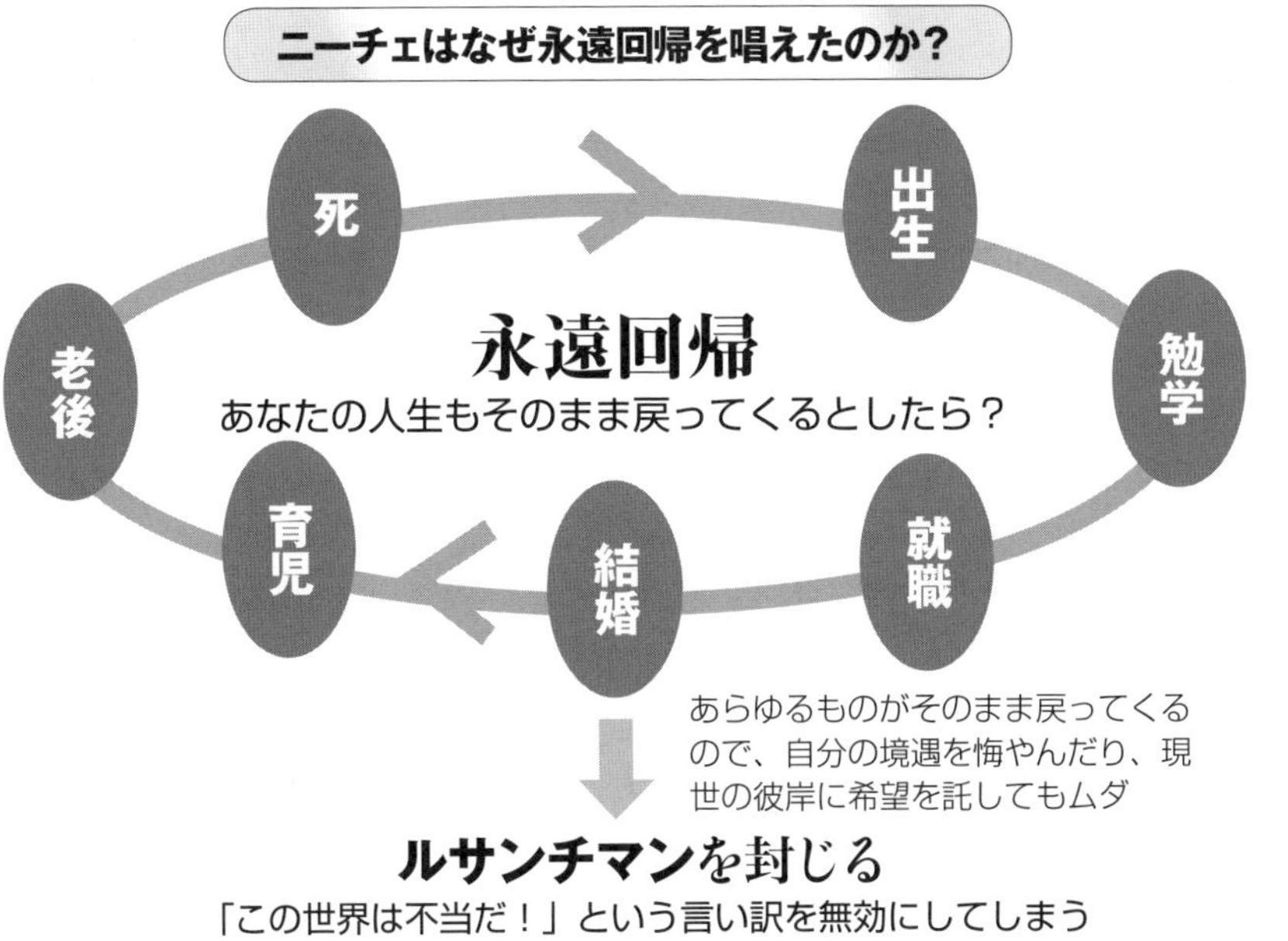
ニーチェはなぜ永遠回帰を唱えたのか？
出生
勉学
就職
結婚
育児
老後
死
永遠回帰
あなたの人生もそのまま戻ってくるとしたら？
あらゆるものがそのまま戻ってくるので、自分の境遇を悔やんだり、現世の彼岸に希望を託してもムダ
ルサンチマンを封じる
「この世界は不当だ！」という言い訳を無効にしてしまう

帰を、私たちは世界の真相として受け取る必要はない。ニーチェ自身も、これが一種のフィクションであることを、十分に理解していた。でもなぜ、ニーチェはこんなお話を作り出さねばならなかったのだろうか。――**私たちが自分のルサンチマンを噛み殺し、自分の生と世界とを「これでよし！」と肯定できること。**そして悦《よろこ》びに向かって生きようとすること。このためにニーチェは、永遠回帰の話を作ったのだ。

私たちは、しばしば世界に対して勝手な願望を抱く。「世界はこうであるべきだ！」（彼女は私に振り向いてくれなくてはならない、社会は男女平等でなくてはならない）と思う。そしてそうでない現実に向かって「この世界は不当だ！」と言う。

永遠回帰の思想は、そうした願望とルサンチマンに対して、きわめてつれない態度をとる。世界は君の思いなどとは無関係に、あるがままに動いている。世界が不当であったり狂ったりしているのは、君がそう見ているだけのことだ、と。でもこれはむしろ、ひどい失意とニヒリズムとをもたらすのではないか？　そんな世界と生とを、人は肯定できるのだろうか？（次項に続く）

テーマ 永遠回帰と運命愛 ―― ❷

人生にイエスと言う

ニーチェの言葉

あなたがたはかつて一つの悦《よろこ》びに対して「然《しか》り」と肯定したことがあるか？　おお、わたしの友人たちよ。もしそうだったら、あなたがたはまたすべての苦痛に対しても「然り」といったことになる。万物は鎖によって、糸によって、愛によってつなぎあわされているのだから。

（「酔歌」『ツァラトゥストラ』）

永遠回帰の難問

人生にはつらいことがある

↓

それでも自分の人生を何度も繰り返すことを望むか？

↓

しかたなく受け入れるのはNG

↓

どんなにつらいことや悲しい出来事も「欲する」と受けとめる

↓

そんなことは可能なのか？

世界は私たちの願望と関係なくあるがままに動き、苦しみも悦びももたらしながら流れていく。ニーチェは、**このような世界と人生とを君は愛せるか**（**運命愛**）、**さらに、それが何度も繰り返されること**（**永遠回帰**）**を望むか**、と私たちに問いかけた。しかし、こう問われたら「勘弁してほしい」と思う人も多いだろう。過去には苦しかったことがたくさんあり、そのなかには〝いまなお許せないこと〟も含まれているからだ。

ニーチェはこう答えている。――**たった一度でも心から生きていてよかったと思えたこと、魂がふるえたことがあったなら、君は君の人生ぜんぶに対してイエスと言ったことになる。**すべてはつながっているのだから、と。

マイナスの出来事をどう受けとめるか
また失業してしまった…僕はどうやって生きていけばいいのか…
「しかたがない…」
外から押しつけられた感じを伴う
「これを欲する！」
苦しみも悦びもひっくるめて自分の人生を肯定する
自分の条件を呪っても仕方がない。与えられた条件のもとで、どうやって悦びを汲《く》み取れるかを考える

ニーチェのこの言い方を、かつてぼくは、これまでの人生を許してあげるための、心優しいお話（フィクション）だなあ、と感じていた。でもそこにはこれからどう生きるかの答えはない、とも思っていた。しかし次第に、ぼくの感じ方は変わってきた。このお話のいちばんのポイントは、魂がふるえた幸福をじっさいに思い出すところにあるのではないか、と思えてきたのである。

ニーチェ自身も、ザロメと歩きながらさまざまな話をし、魂がふれあった幸福な一瞬をもったようだ。しかし失恋し、非難めいた手紙をザロメに送りつけたりもした。ふつうなら彼女を恨んだり忘れようとしたりするところだが、ニーチェはそうしなかった。**彼は恨みを噛み殺し、魂がふれあった悦びを大切な宝物のようにして生きることを選んだのだ。**そういう彼の生き方が結晶したものが永遠回帰の思想にちがいない、とぼくは思っている。

ルサンチマンは悦びを忘れさせる。しかし永遠回帰の思想は、深い悦びが自分の生に確かにあったことを思い出させる。そしてそれは、ルサンチマンに負けずに悦びを大切にして生きよう、可能ならば悦びを作り出して生きよう、という姿勢へと、私たちを誘うのである。

テーマ 貴族的価値評価法と僧侶的価値評価法 ❶

カッコ「いい」と「善い」とはちがう

ニーチェの言葉

ほかならぬユダヤ人こそは、恐怖を覚えるばかりの徹底性をもって、貴族的な価値方程式（よい＝高貴な＝強力な＝美しい＝幸福な＝神に愛される）に対する逆転のこころみをあえてし、底知れない憎悪（無力の憎悪）の歯がみをしながらこれを固執した張本人であった。

（『道徳の系譜』第一論文）

貴族的価値評価法と僧侶的価値評価法

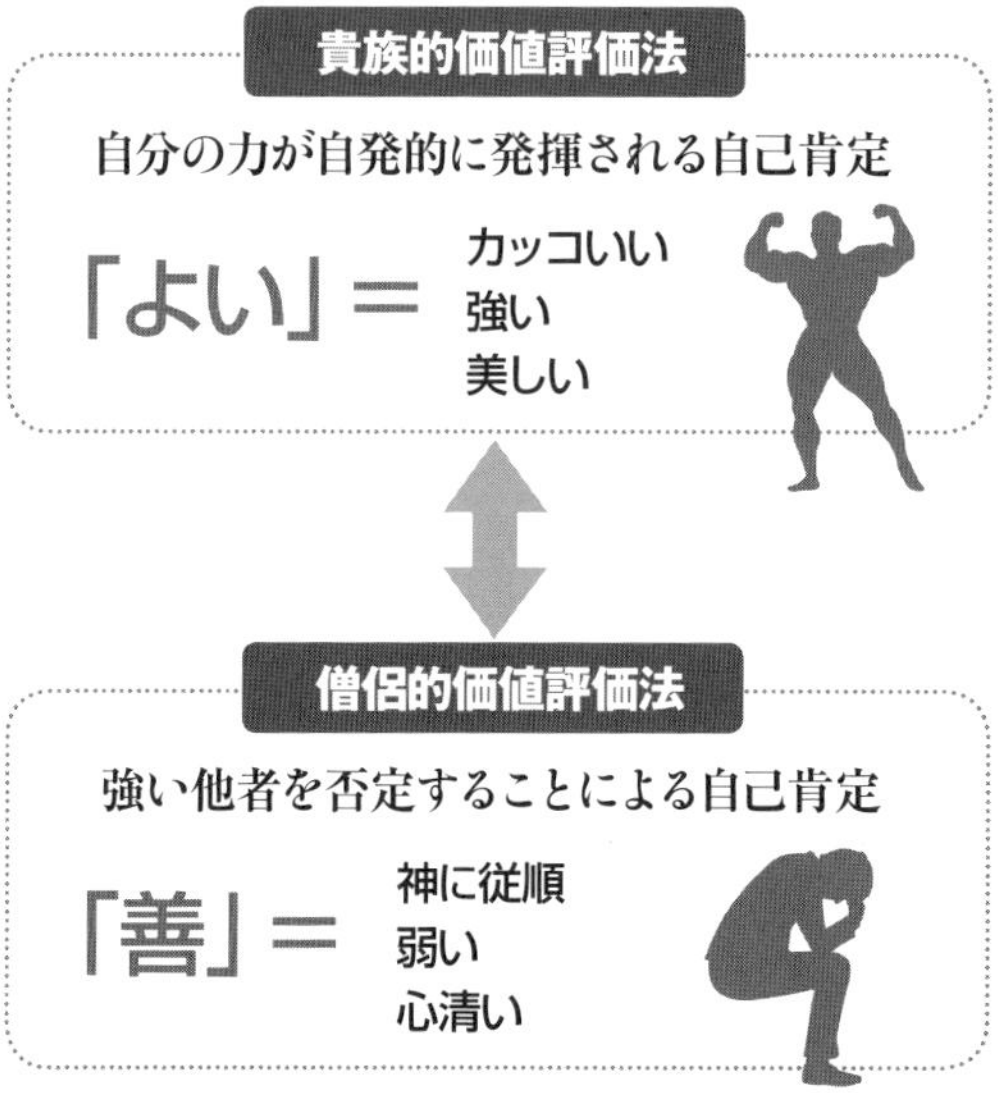
貴族的価値評価法
自分の力が自発的に発揮される自己肯定
「よい」＝
カッコいい
強い
美しい
僧侶的価値評価法
強い他者を否定することによる自己肯定
「善」＝
神に従順
弱い
心清い

「良い・悪い」という価値には、じつは、まったく由来が異なる二種類のものがあるとニーチェは言う。一つは**"貴族的・戦士的価値評価法"**、つまり強く健康な貴族や戦士たちが自分や物事を価値づけする仕方から生まれたもので、ニーチェはこれを〈よい（優良）・わるい（劣悪）〉と呼ぶ。それに対して、力は弱いが頭のよい僧侶たちが生み出す**"僧侶的価値評価法"**というものがあり、これを彼は〈善・悪〉と呼んで区別する。

前者の**貴族的価値評価法における〈よい〉は、「勝ち誇った自己肯定」から生まれる。**ニーチェは、ローマの戦士が雄叫びをあげつつ敵を殺戮する様子を描いているが、スポーツや音楽をやってのってきて「オレってカッコい

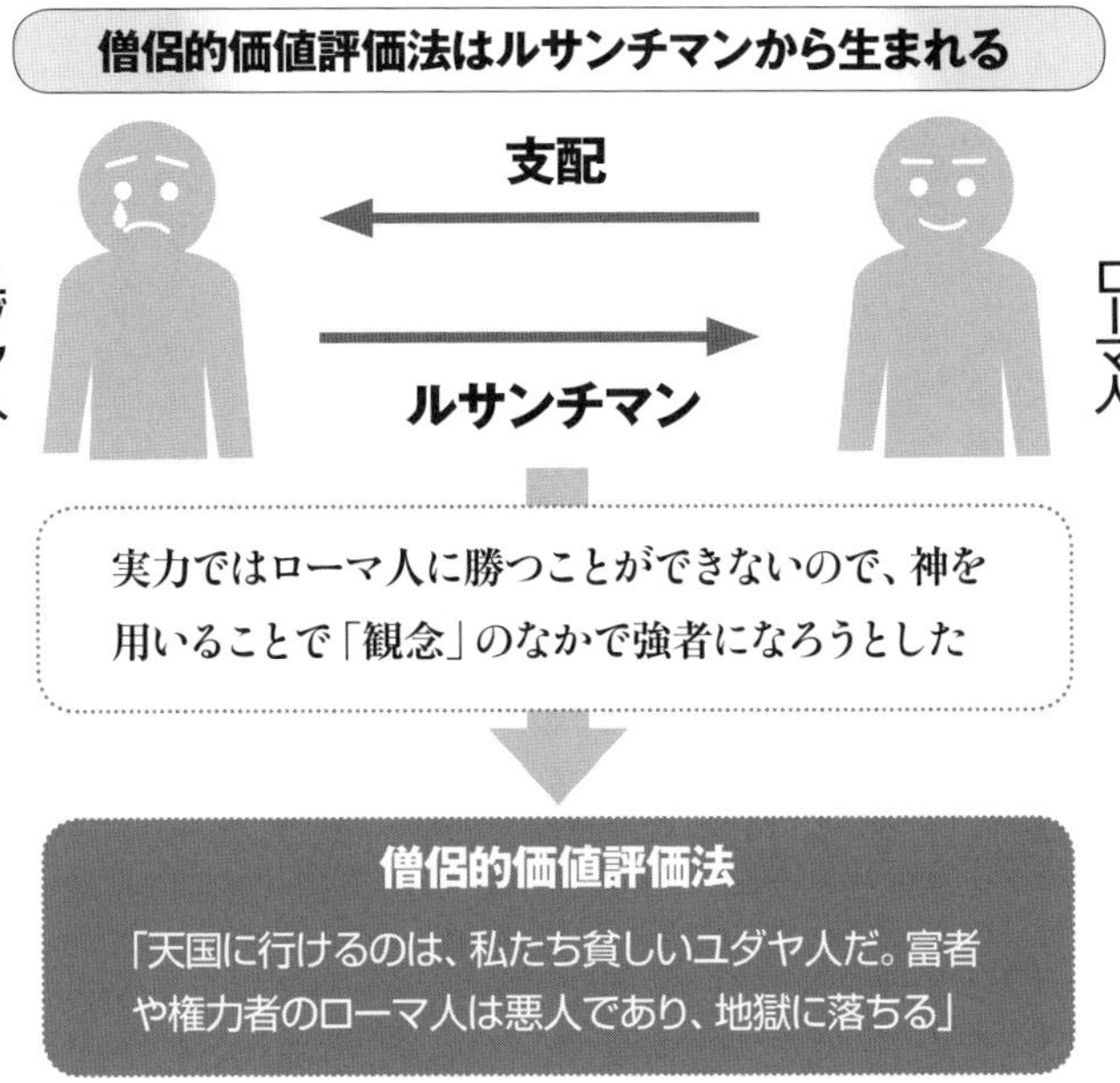
僧侶的価値評価法はルサンチマンから生まれる
支配
ユダヤ人
ルサンチマン
ローマ人
実力ではローマ人に勝つことができないので、神を用いることで「観念」のなかで強者になろうとした
僧侶的価値評価法
「天国に行けるのは、私たち貧しいユダヤ人だ。富者や権力者のローマ人は悪人であり、地獄に落ちる」

い！」と思うこと、つまり**高揚感から生まれる自己肯定感こそが〈よい〉の本質**である。だから〈よい〉とは、カッコいい、強い、幸福な、などを意味することになる。

それに対して、後者の**僧侶的価値評価法は、弱者が強者に対して抱くルサンチマン（恨み）から生まれる。**ローマによって支配されていたユダヤ人は天才的な〝僧侶的民族〟であって、実力でローマ人に復讐する代わりに観念世界のなかでの復讐を企てた。そのためにもち出されるのが「神」である。神の視点から見れば、彼ら強い者は〈悪〉であって地獄に落ちる。自分たち弱く心清い者こそが〈善〉であり天国に行く、というのである。このように**強い他者を否定することによる自己肯定こそが、僧侶的価値評価の本質**だとニーチェは言う。

しかし神という絶対的な規範を立てると、どうなるか。ひたすら神に従う、従順で心穏やかで、しかしまったく創造的でない「善人」が作り出されてしまう。そして、創造的に生きようとする人々やさまざまな試行は抑圧される。ヨーロッパのたどってきたこの道を、つまり**僧侶的価値評価をこそ乗り越えねばならない**、とニーチェは強調するのである。

テーマ 貴族的価値評価法と僧侶的価値評価法 ❷

「善悪」はすべてルサンチマンによるものか？

ニーチェの言葉

正義とはもともと、……ほぼ同等な者たちのあいだの、互いに折り合いをつけ決済によって互いに〈協調〉し合おうとする善意であった。

（『道徳の系譜』第二論文）

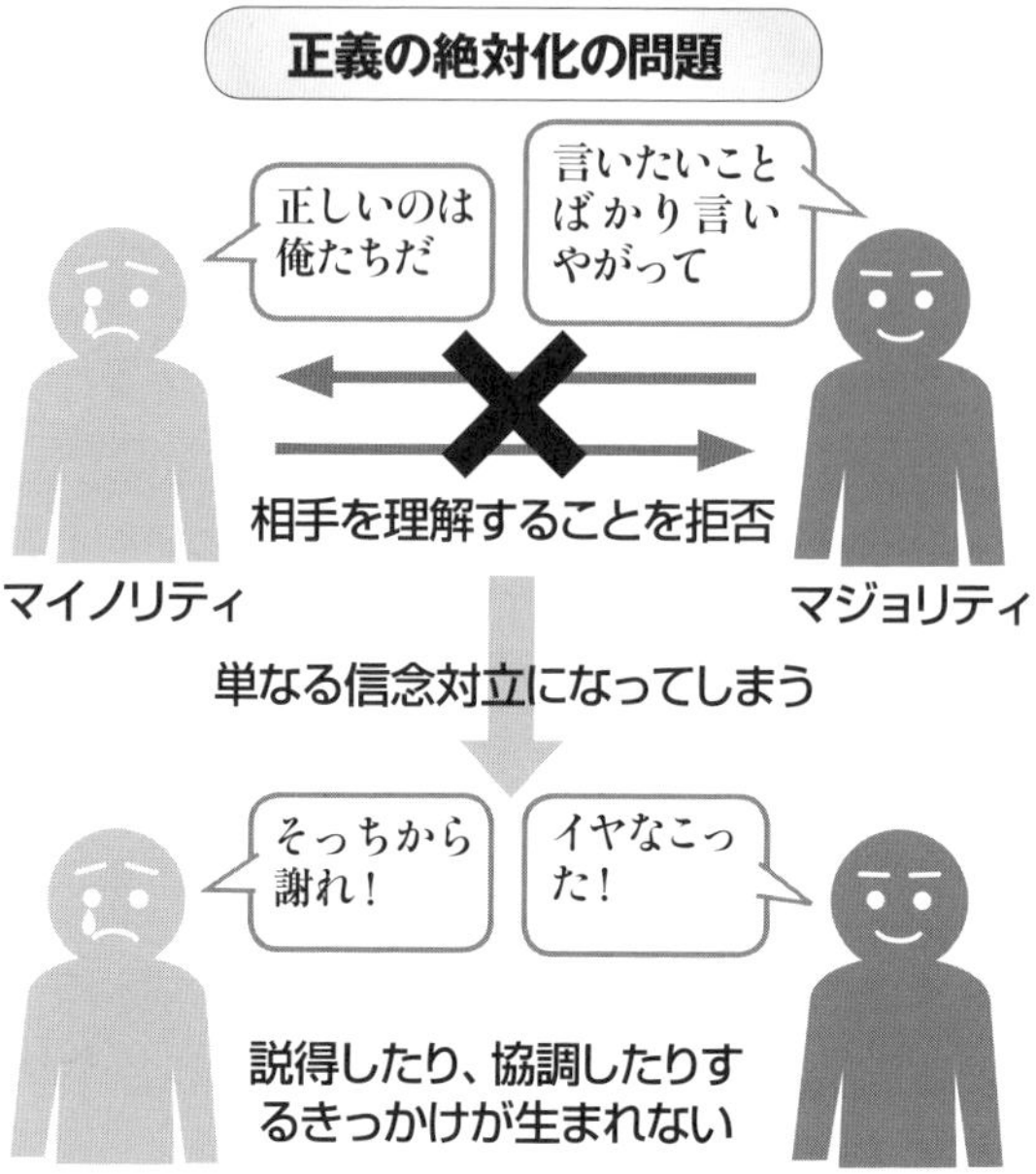
正義の絶対化の問題
正しいのは俺たちだ
言いたいことばかり言いやがって
マイノリティ
マジョリティ
相手を理解することを拒否
単なる信念対立になってしまう
そっちから謝れ！
イヤなこった！
説得したり、協調したりするきっかけが生まれない
〈優良・劣悪〉と〈善・悪〉とは由来がちがうというニーチェの説はたしかに説得力がある。しかし善悪や正義はすべてルサンチマンから生まれたものと言えるだろうか？

さまざまな社会運動や反差別運動では、しばしば**自己の正義の絶対化と信念対立**が起こってきた。苦しめられたマイノリティはしばしば、「悪いのは差別するマジョリティだ、まずはそっちから謝れ！」と思う。だから、非難攻撃はしても本気で説得しようとはしないし、マジョリティの気分や感覚を理解する必要を認めない。

正義の絶対化の最大の問題は、相手を理解しようとすることの拒否にあるとぼくは考える。もし双方が互いの立場のちがいを理解し合おうとするならば（相互理解）、

ニーチェは〈善・悪〉と異なる「正義」を考えた

これこそが正義だよ
いやオレの考える正義はちがうな
金持ちやエリートはひっこめ!!
社会人にとってフェアなルールとはだな
どーせオレにはかんけーないし〜〜〜

そこから互いを認め合って**社会をともに形作るものとしての仲間の感覚**が再構築されうる（相互承認によるメンバーシップの再構築）。さらにそこからは、双方ともに納得できる新たな社会のルールが作られていく。これが社会運動の最終的なゴールであろう。

そのように考えてみると、絶対化された正義や道徳とはちがう、ポジティヴな意味での正義を語ることができるはずだ。すなわち社会（国家）のなかには、**対等なメンバー同士が、ルールを守り一定の負担を引き受けることによって、平和に共存し助け合っていこう、という根本約束**（ルソーの言う社会契約）があって、この約束が社会正義の基礎なのである。マイノリティへの差別も、それが対等なメンバー同士の根本約束に違反するからこそ「悪」だと主張できるのだ。

じつはニーチェも、こうした別種類の善悪があることを分かっていた。それを彼はルサンチマン由来の〈善・悪〉と区別して**正義**と呼ぶ。すなわち、**正義とはもともと「同等の者たちのあいだでの協調」であり、法を作ることによって弱者のルサンチマンの暴発を制御する**、と（『道徳の系譜』第二論文）。

テーマ「罪（負い目）」「疚しい良心」❶

「罪」の概念は負債感から生まれた

ニーチェの言葉

罪の感情や個人的責務の感情は、（略）その起源を、およそ存在するかぎりの最古の最も原始的な個人関係のうちに、すなわち売手と買手、債権者と債務者という関係のうちにもっている。

（『道徳の系譜』第二論文）

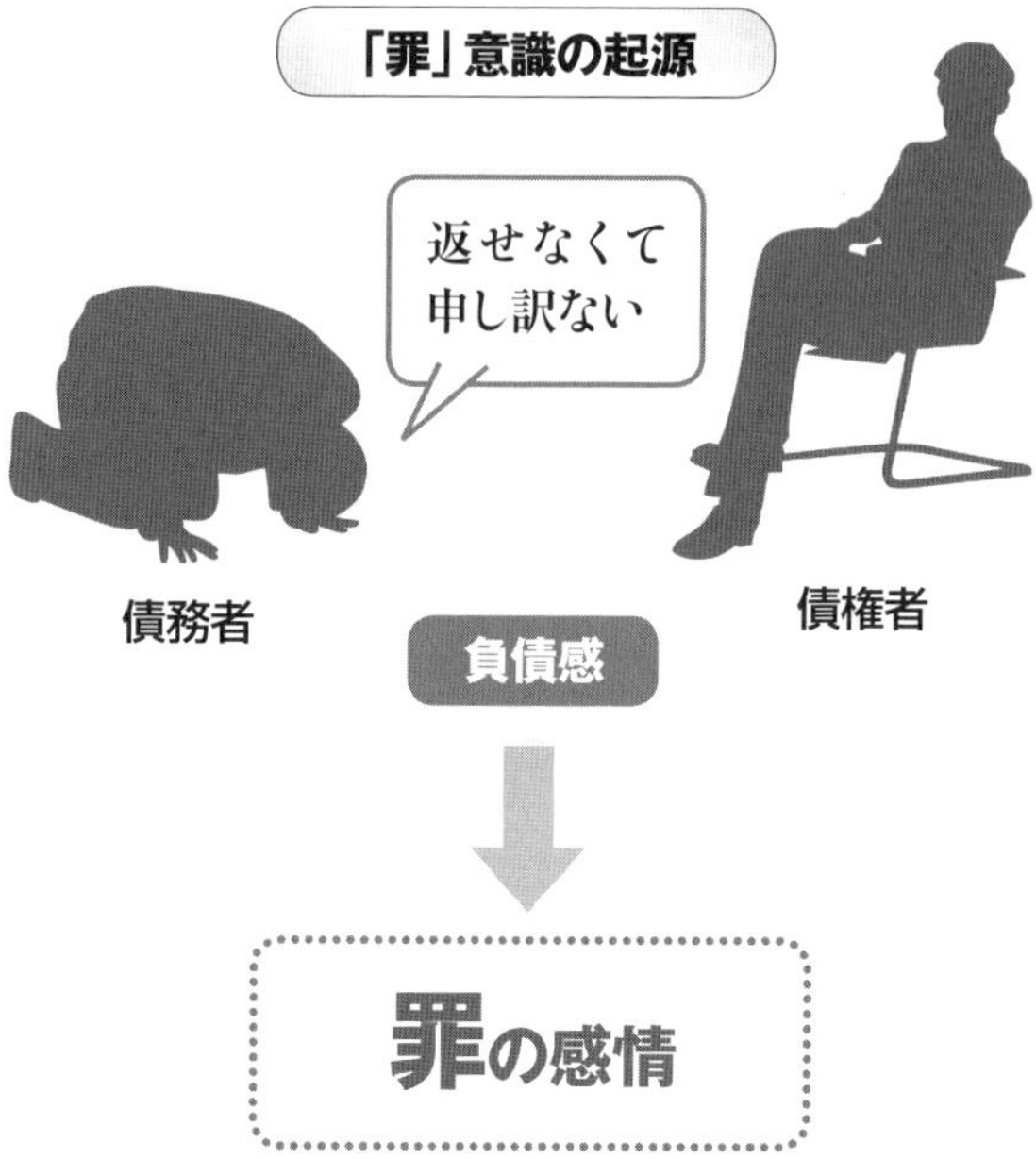
「罪」意識の起源
返せなくて
申し訳ない
債務者
債権者
負債感
罪の感情

ニーチェは『道徳の系譜』第二論文で、**「罪」「疚《やま》しい良心」**という二つの言葉を手がかりにして人間の道徳感情の起源を解明し、そうすることでキリスト教の正体をより深くつかもうとする。彼はまず、罪（シュルト、負い目という語感も）の概念は、もともと取引関係、つまり**債権・債務の関係**に起源をもっていると主張する。この説は一見奇妙に見えるが、親子関係を考えると分かりやすい。親の意向や期待に背いたとき、私たちは罪悪感を抱くが、そこには「これまでたくさんのことをしてもらったのに、自分はそれを返せない」という**負債の意識**とそこからもたらされる**申し訳なさ**（負い目＝罪）の**感覚**とが含まれているからだ。

次にニーチェは、**共同体とその成員の関係も債権者・**

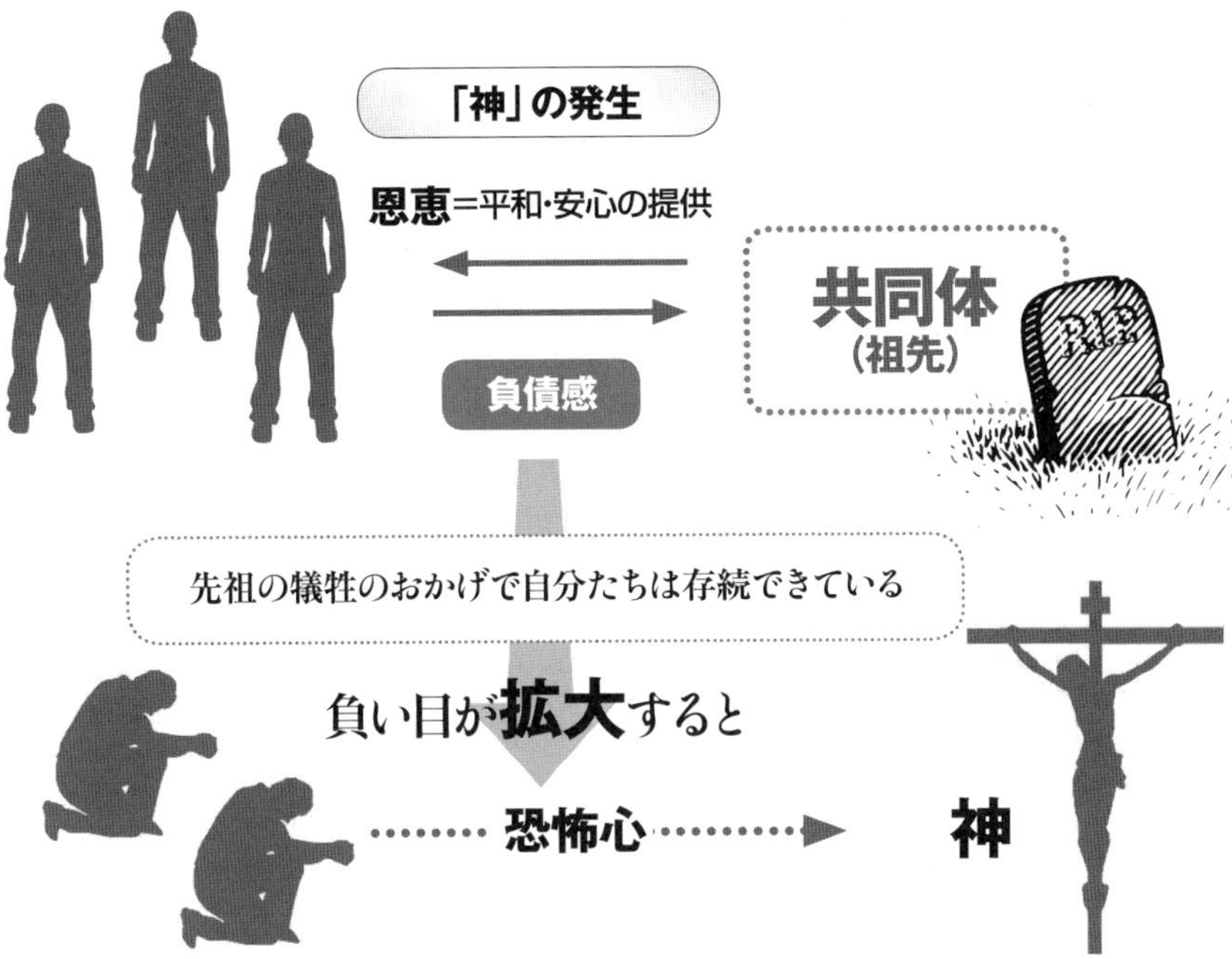
「神」の発生
恩恵＝平和・安心の提供
共同体
（祖先）
負債感
RIP
先祖の犠牲のおかげで自分たちは存続できている
負い目が拡大すると
恐怖心
神

債務者の関係と同じだという論を提出する。共同体はその成員に対して、平和と安心というきわめて大きな恩恵を与える。だからこそ成員は共同体の掟を守らねばならず、租税や軍役といった義務を負うのである（ちなみに、犯罪者とはこの債権・債務の約束を破った者であり、だからこそ保護を打ち切られ、共同体の外部の者として扱われる）。

この共同体への負債感から、ニーチェは「神」の観念の発生を説く。すなわち、**共同体が長く存続していくうちに、共同体への負債感は祖先の犠牲と功業のおかげで自分たちは存続しえているという祖先に対する負債感になっていく。**さらにこの負債感がきわめて大きくなると、それはほとんど恐怖心へと変わり、ついに祖先は一個の神となる。とくにキリスト教が信じる神は「唯一絶対」の神だが、これは共同体に対する最高度の負債感を表わすものだ、とニーチェは言う。

なぜ祖先への負債感がそこまで巨大化せねばならなかったのか、について充分な説明がないために、キリスト教の神発生の論としてはいまひとつ説得力を欠く。しかし、**罪悪感を債務からもたらされる負い目として見る視点**は、じつに鋭いと思う。

発散できない活動的本能が、内向して自己虐待する

ニーチェの言葉

疚《やま》しい良心にとりつかれたこの人間は、その自己呵責《かしゃく》を凄絶な峻烈さと峻厳さの極みにまで押しつめるために、宗教的前提を我が物としたのである。神に対する罪（負い目）、この思想が人間にとっての拷問具となる。

（『道徳の系譜』第二論文）

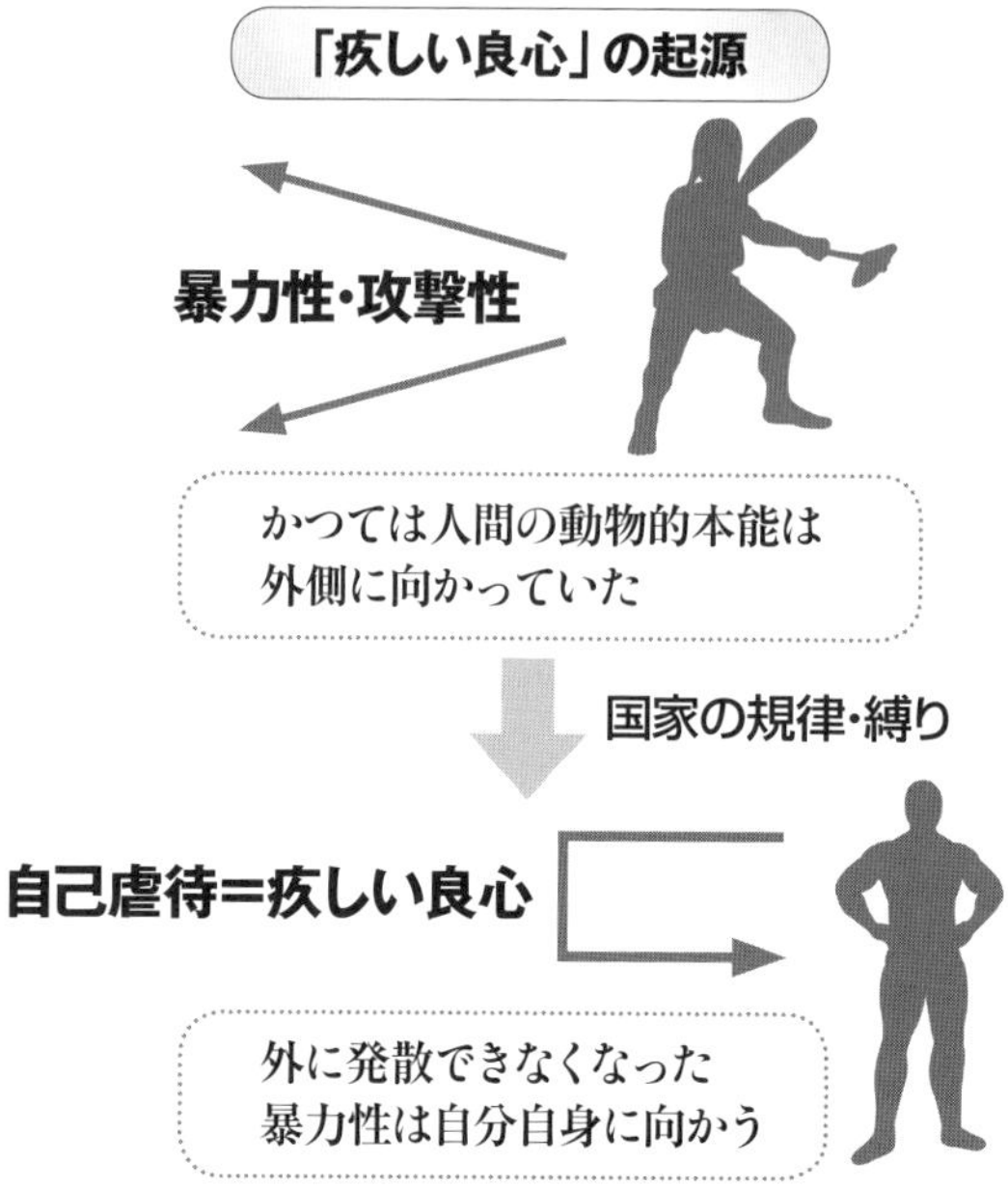
「疚しい良心」の起源
暴力性・攻撃性
かつては人間の動物的本能は外側に向かっていた
国家の規律・縛り
自己虐待＝疚しい良心
外に発散できなくなった暴力性は自分自身に向かう

「疚しい良心」とは、戦争と漂泊と冒険の野蛮な時代には外に発散されていた**活動的な〝自由の本能〟（力への意志）が、国家組織によってがんじがらめに縛られたとき、内向して自分自身を責め苛《さいな》むようになった**ものだ、とニーチェは言う。そしてこの疚しい良心は、自分自身を責め苛むための道具として、神への返済不可能な巨大な債務、つまり**神に対する罪**という観念を利用する。

人間は、自身の〝動物的本能〟（快楽や官能への欲望）の究極的な反対物こそ神であると考え、この動物本能を神に対する罪として「解釈」する（動物的本能のゆえに人間は神に反抗した、とする）。こうして**人間は、自分を「神と悪魔の矛盾」のなかにある存在と考え、悪魔つまり自分の自然**

キリスト教のシナリオ

イエス・キリストの磔《はりつけ》
キリストは、人間の負い目（負債）の弁済として磔になった

↓

人間は神に対する罪により、自分自身の存在を疚しいものと思うようになる

↓

人間の快楽や官能への欲望、冒険的な生を敵視するようになる

↓

こうしたキリスト教的道徳によって、この世の生は「誤ったもの」「仮のもの」、真実の世界は彼岸にあると思ってしまうのだ

な欲望をとことん否定しようとする。ニーチェは言う、これは精神錯乱であり、「おのれ自身を救われがたいまでに罪あるもの呪わるべきものと見ようとする人間の意志」（『道徳の系譜』第二論文）である、と。

他方で、このように自身を責め苛む人類が慰安を見出したのが、**〈キリストによる罪の贖《あがな》い〉**の教義である。つまり、債権者である神自身が、債務者である人間に代わって自分で磔になって弁済してくれる、という逆説的かつ天才的なシナリオを、キリスト教は思いつく（イエスは、人々の罪をすべて担って人々の代わりに十字架にかかったとされる）。

――以上が、『道徳の系譜』第二論文でニーチェが描いたストーリーである。キリスト教の反自然性・反官能性をしきりに錯乱、病気だと語るのが印象に残る。**おそらくニーチェは、一切の物事や行為を「罪と罰」という道徳的視点から見てしまう、そのような見方を一種の牢獄のように感じていたのだろう。**そのような道徳の牢獄は、二十世紀の社会運動のなかでもしばしば生じ、そこからどう脱出するかということは、ポスト・モダン思想を含む現代思想の最大の課題の一つとなった。

テーマ
禁欲主義的理想とニヒリズム（虚無への意志）❶

僧侶は「負い目」を与えることで支配する

ニーチェの言葉

ルサンチマンの人間たちは、いったいいつになったら、彼の復讐の最後の、至妙の、崇高きわまる凱歌を奏するに至るだろうか？　疑いもなくそれは、彼ら自身の悲惨を、幸福な人間たちの良心のなかへ押し入れることに彼らが成功したときである。

（『道徳の系譜』第三論文）

禁欲主義的理想とは？
理想視
天国・涅槃
敵視
現実の生
僧侶
美や喜びを否定し、
苦痛や不幸を求める
なぜか？
禁欲的理想によって、
僧侶は利益と権力を得
ることができるからだ

洋の東西を問わず、僧侶たちは美や悦《よろこ》びを否定し、むしろ苦痛や不幸を求めてきた。そして現実の生を敵視し、天国や涅槃《ねはん》を真の理想の生とみなしてきた。彼らのこのような思想をニーチェは**「禁欲主義的理想」**と呼ぶが、しかしなぜ、僧侶たちは生を敵視するのだろうか？　**禁欲という理想を追求することで利益と権力を得るからだ**とニーチェは答えている。

第一に僧侶たちは、健康や幸福の持ち主のなかに**「疚《やま》しい良心」を流し込み、「負い目」を感じさせることで勝利を得る。**幸福な者たちが「自分だけが幸福なのは恥ずべきことだ！　悲惨なことがたくさんあるのに」と語り合い、負い目を打ち消そうとして真面目な禁欲生活を求

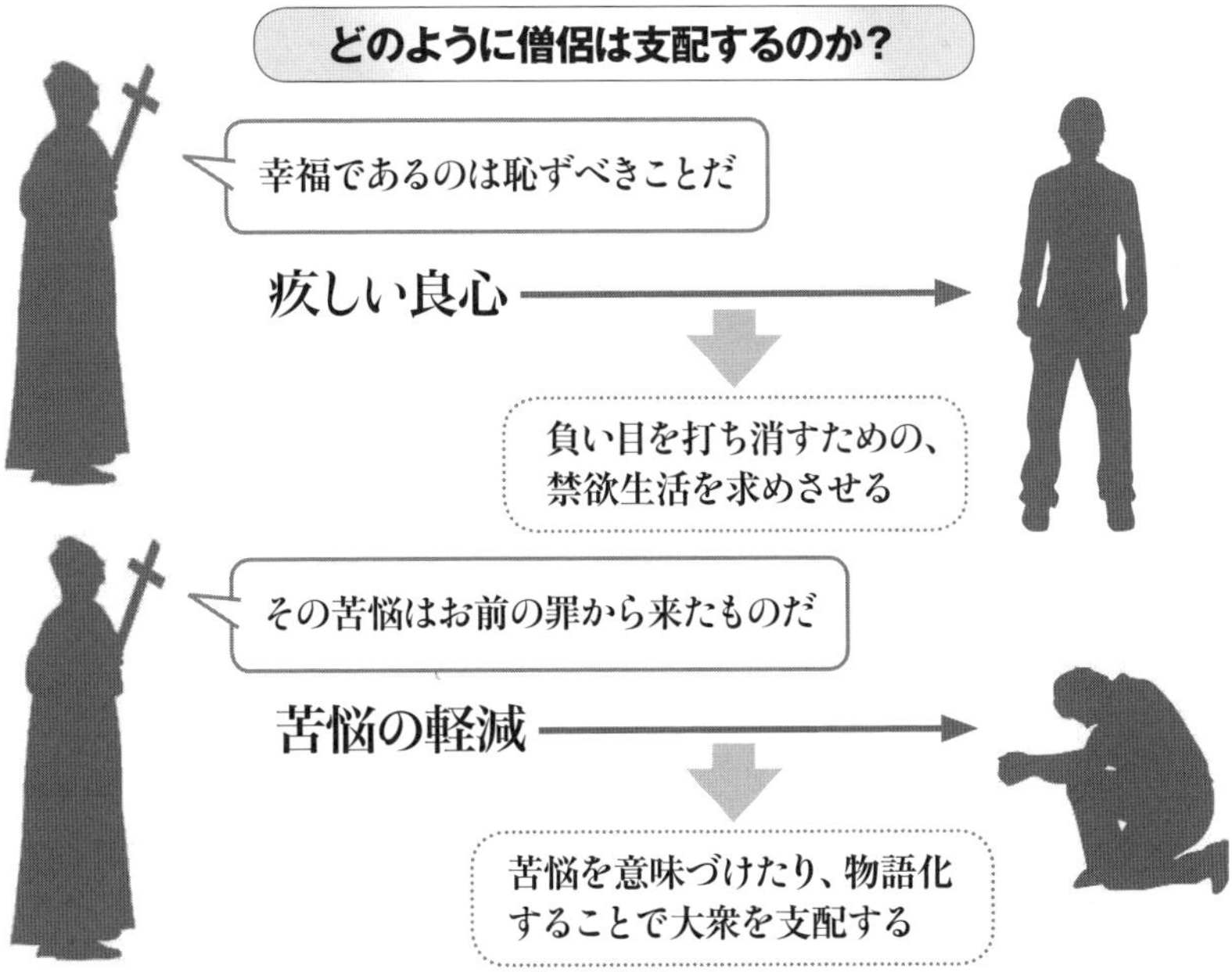
どのように僧侶は支配するのか？
幸福であるのは恥ずべきことだ
疚しい良心
負い目を打ち消すための、禁欲生活を求めさせる
その苦悩はお前の罪から来たものだ
苦悩の軽減
苦悩を意味づけたり、物語化することで大衆を支配する

めたときこそ、禁欲主義的僧侶の勝利なのだ。第二に**僧侶たちは、大衆の苦悩を軽減させる物語を用いて彼らを支配する。**大衆の苦悩に対して、僧侶は「それはお前自身の罪から来たものだ」と意味づける。さらに「イエス様はみずから磔《はりつけ》になって人類の罪を救ってくださった」という物語を与え、その感動によって、苦悩を軽減する。

この「負い目の打ち消し」という現象に着目してみたい。津波と原発事故で苦しむ人々をテレビで見るとき、私たちのなかに負い目がうずく。この負い目は「彼らと自分は仲間だ」というメンバーシップの感覚からやってくるものであり、この仲間の感覚があるからこそ、人々は助け合い社会をよくしようとして努力する。

しかしこの負い目を、無自覚なままに打ち消そうとするとどうなるか。しばしば、被害者やマイノリティの主張すべてに賛同し批判できない、ということが起こる（アメリカのリベラルな白人が黒人の主張に逆らえないように）。**負い目を打ち消そうとして過剰な道徳理念に捉えられ、対等なメンバーシップが破壊される**という事態。ここには、負い目に負けずに社会をよくするには？という課題があることが分かる。

禁欲主義的理想は、じつは虚無《ニヒル》を求めている

ニーチェの言葉

これまで人類の頭上に広がっていた呪いは、苦悩の無意味ということであって、苦悩そのものではなかった。——しかるに禁欲主義的理想は人類に一つの意味を供与したのだ！

（『道徳の系譜』第三論文）

〈虚無への意志〉は安楽を求める
禁欲主義的理想
苦悩を意味づけることで、生に絶望せずに生きようとする意欲を守った
天国
生きることの苦悩から免れた、静かな安らかな世界
虚無への意志
安らぎたい
苦しみを取り去りたい
苦悩し禁欲して生きることは、天国への道なのだ

前項で、禁欲主義的理想は僧侶のルサンチマンと権力欲から生まれた、という説を見た。さらにニーチェは、**禁欲主義的理想は人類の生存の苦悩に「意味」を与えるものでもあって、だからこそ求められ続けてきたのだ、**とも主張している。つまり、「なんのために苦しむのか」という叫びに対して、「苦悩は神への罪から来る。だから、大いに苦しみ禁欲することが天国への道なのだ」と答えることで、生に絶望せず生きようとする意欲を守るため、つまり、**人類を保存するためにこそ禁欲主義的理想はあった**、と。

それと同時に彼は、この禁欲主義的理想によって守られ方向づけられた意志（意欲）とはどんな種類のものだったか？ と問うて、こう答えている。——この意志は、

〈虚無への意志〉はニヒリズムの根っこ

虚無への意志

宗教の背後には、何も創造せずにひたすら安楽になろうとする意志が働いている

↓

そのため、禁欲主義的理想は、神という最高価値をおくことで、人々の意欲し創造する精神の働きを封殺する

↓

ニヒリズム

神の死＝禁欲主義的理想の崩壊

超人か？　　**末人か？**

生きることにつきまとうあらゆる苦悩や生成や変転から免れて、静かな安らかな世界（天国や涅槃《ねはん》）を求め憧れている。**たえず転変するこの世界のもとで力強く創造的に生きようとするのでなく、静けさと安楽さ、つまり"虚無《ニヒル》"を求めている。**だとすればこれは**〈虚無への意志〉**であり、深い意味でのニヒリズムなのである、と。

ニヒリズムとは、神や共産主義のようなこれまでの"最高価値"を信じなくなることだから、禁欲主義的理想とは正反対に見える。しかし**禁欲主義的理想自体が、転変と苦悩を伴う生を否定して虚無に憧れるという意味では、ニヒリズムだった**のだ。そして、現代のニヒリストである**「末人」**（最後の人間）も、創造することなくただ安楽なよい眠りを求めようとする点では、禁欲主義的理想と本性は同じだったのである。

ニーチェはこう考えていたにちがいない。——天国や涅槃のような禁欲主義的理想は、人々を守ってきたゆりかごのようなものだった。これが壊れたいま、二つの方向がはっきり見えてきた。**安楽を求める末人の道か、それとも転変と苦悩を引き受けて創造的に生きようとする超人の道か、どちらかを人は選ばなくてはならない、**と。

Break Time 末人にも優しかったニーチェ

ツァラトゥストラの思想は「人たるもの超人をめざし、末人は軽蔑せよ」、とかなりストイックですが、教師としてのニーチェはデキの悪い生徒にも優しかったようです。ニーチェはバーゼル大学教授のとき、附属高等学校の教師も兼任。教科書に頼ることなく自由でユニークな授業をし、生徒を対等に扱い、興が乗ると時間を忘れて夢中に語るニーチェは生徒に人気がありました。テストの採点はかなり辛口でしたが、生徒が少しでも伸びると、心から喜び賞賛したそうです。

ある日、まわりの優秀な仲間についていけそうもない、と委縮《いしゅく》している内気な生徒が、『ソクラテスの弁明』を教壇の前で復唱することに。ニーチェは緊張する彼を優しく勇気づけたので、少年は気持ちを奮い立たせて成功。ニーチェは大満足してふたたび優しく微笑みかけたといいます。その生徒は後年、**「あの日、私は自分を見出したのだ。私の臆病はなくなった。それはニーチェ先生のおかげだ。彼は私という臆病な少年を選んで教壇にあげて眠っていた能力を呼び覚ますのを心得ていた人なのだ」**と語っています（一方で、学問的すぎる授業のおかげで自分は伸び悩んだ、という生徒の感想も残ってます）。

また、街のお祭りの日に、「生徒たちが曇りない心で今日を楽しめるように」と翌日を臨時休校にするように校長にかけあったという金八先生顔負けのエピソードも。

高い理想をかかげるだけではなく、日々の生活を愛する、なかなかイキな先生だったことが窺《うかが》えます。

先生はたとえ腐ったミカンでもやる気さえあれば見捨てん！
これから私が『イリアス』を読むからただちにギリシャ語に訳しなさい！
先生……フツーのギムナジウムでプフォルタ学院式スパルタはやめて……

第4章 ニーチェ晩年――「力の思想」の可能性

晩年のニーチェ

44歳——55歳

❖最後の執筆から死去まで

1888年 44歳

8月から12月にかけて、『偶像の黄昏《たそがれ》』『反キリスト者』『この人を見よ』『ニーチェ対ワーグナー』をたてつづけに執筆。

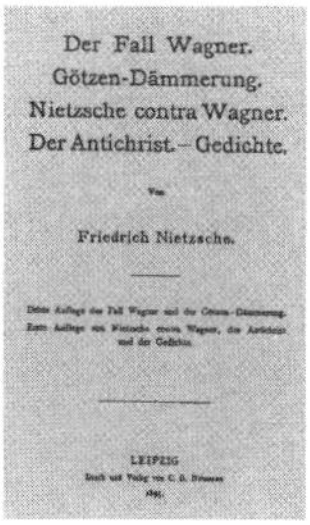
Der Fall Wagner.
Götzen-Dämmerung.
Nietzsche contra Wagner.
Der Antichrist. – Gedichte.

Von

Friedrich Nietzsche.

LEIPZIG

『反キリスト者』『ニーチェ対ワーグナー』初版
1895年にケーゲル版全集の中で公表

1889年 45歳

1月3日、トリノのカルロ・アルベルト広場で昏倒《こんとう》。滞在していた宿に引き取られる。その後、1月7日まで「狂気の手紙」をガスト、ローデ、コジマ、ブルクハルト(バーゼル大学のニーチェの同僚)などに書き送る。

1月8日、オーファーベックが錯乱状態のニーチェを下宿で発見し、バーゼルに連れ戻す。

1月10日、フリードマット療養所に入院後、イェーナ大学附属病院に転院。

ニーチェの部屋
シルス・マリアの下宿先となったニーチェの部屋。ここで数々の原稿を執筆した

フランツ・オーファーベック
神学者。バーゼル時代のニーチェの友人。ハイデガーの哲学にも影響を与えたとされる

世界の動き

1888
(独)皇帝ヴィルヘルム一世没、二世即位

1889
(仏)第四回パリ万国博覧会開催
(日)大日本帝国憲法発布

1891
(仏)第一回印象派・象徴派絵画展開催
(露)シベリア鉄道建設開始

1892
(英)オスカー・ワイルド『サロメ』上演
(独)ルドルフ・ディーゼル、ディーゼル機関発明
(米)ゼネラル・エレクトリック社設立
(日)黒岩涙香『万朝報』創刊

1893
(仏)デュルケーム『社会分業論』
(鮮)東学党の乱(民生改善を求める農民反乱)
(諾*)ムンク『叫び』制作

*諾…ノルウェー

『偶像の黄昏』刊行。

1890年 46歳

5月、イェーナ大学附属病院を退院。以後、母フランチェスカの介護を受けて生活。

エリーザベトの夫ベルンハルト・フェルスター、パラグアイで自殺。

12月、エリーザベト、パラグアイから帰国。

1892年 48歳

4月、『ツァラトゥストラ』第四部刊行。

1894年 50歳

1月、エリーザベト、ナウムブルクに「ニーチェ・アルヒーフ(ニーチェ資料館)」を設立。

1895年 51歳

『反キリスト者』『ニーチェ対ワーグナー』を全集の一部として刊行。

1897年 53歳

4月、母フランチェスカ死去。

1900年 55歳

8月25日、死去。故郷レッケンに埋葬される。

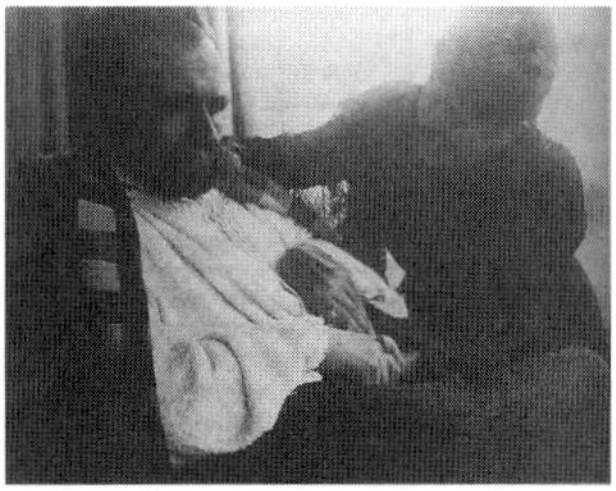
晩年のニーチェと世話をする母フランチェスカ

ニーチェ・アルヒーフ
設立当初は、ナウムブルクの生家にあったが、現在はワイマールにある

ニーチェの墓
故郷レッケンにあり、ニーチェ記念館も併設されている

1894
ドイツ・オーストリア・イタリアの三国同盟を仮想敵とする露仏同盟締結
日清戦争(～1895)

1895
(独)ベルクソン『物質と記憶』
(墺*)フロイト『ヒステリーの研究』
下関条約(日清戦争終結)

1898
米西戦争勃発
(波*)キュリー夫妻、ラジウム・ポロニウム発見

1899
(米)ヴェブレン『有閑階級の理論』

1900
(清)義和団事件
(仏)パリの地下鉄、メトロが運行開始
(独)フッサール『論理学研究』
ディルタイ『解釈学の成立』

＊墺…オーストリア　＊波…ポーランド

栄光を見ずして

ニーチェの晩年

40歳〜55歳没

「(たとえ苦しくても)僕はゆっくりと友だちと話ができるくらい意識明瞭のままで死んでゆきたい。」と言っていたニーチェでしたが、その望みはかないませんでした。
『ツァラトゥストラ』を皮切りに ニーチェは猛烈な執筆活動に突入する
それは精神を病んで書けなくなる日まで5年間続く
次々と新刊を出版し また昔書いた本に新たな序文をつけて再刊した
「善悪の彼岸」「道徳の系譜」「ワーグナーの場合」……ほか
『権力への意志』の構想も立てた
しかし印刷代はすべて自分持ちの自費出版…本も売れず出版社は冷たい 当然生活も苦しい
見かねた友人たちが印刷代を援助するほどだった
パウル・レーにまで助けてもらったらしい
ニーチェはライプチヒ大学へ再就職を願い出るが断られる
フ……わかっていたさ……反キリストだもんな私は…
そのうえ妹がニーチェの大きらいな「ユダヤ人差別者」と婚約したこともニーチェを悩ませる
どこがいいそんなヤツ…私の3倍もあるそのヒゲか?
ザロメいじめのお手伝いもしたらしい

体調も悪化するばかりで
八方ふさがりだった
そのころのニーチェの書簡は
悲《ひ》愴《そう》感が漂う
「発作につぐ発作。毎日が病の日誌といったところで」
「まったくひとりぼっちで狭い天井の白い小さな部屋にすわっている夜々はひどくつらい思いです」
「ぼくは目が見えなくなって読んだり書いたりできなくなるだろう」
また 粗末な宿ゆえの苦労もあった
宿の食堂
ガハハハ
いい女だったな
聞くに堪えない…
しかし こんなみじめな状況なのに 友のローデがライプチヒ大学に招かれた知らせを受けたとき心から喜んでいる
ああ、ローデ よかったな! こんなうれしい知らせはない
久しぶりに再会しよう
しかし再会は盛り下がったらしい
ローデはニーチェを「異様な雰囲気だった」と回顧している
……
かつてのニーチェの輝きがない…まるで世捨て人のようだ…
当時のニーチェは「昔の友と会うとなんだか疲れる」状態であった
家族を持ちエリート人生を歩む仲間たちとのギャップ
私はほんとうにひとりぼっちだ…
友の幸せがうれしくせつない…
そんな中、14年ぶりにパウル・ドイセン（プフォルタでの最初の友だちで哲学教授）が宿に訪ねて来る
ニーチェ42歳 秋晴れの日だった
ドイセン よく来てくれたね! シルツ・マリーア いいとこだろ
いやあ ずいぶん山奥だなあ 紹介するよ ぼくの妻だ

それは
それは
ほんとうに
よく来て
くれた…
……
ドイセンの回想記⬅
「（略）この14年の間に
彼は何と変わりはてて
しまったことか！
かつてのあの
誇らしげな姿勢や
あの軽快な足どり、
流暢《りゅうちょう》な弁舌は
もはやなかった
彼はただのろのろと
少し身体を横に傾けて、
まるでひきずるように
歩いていた
彼の話しぶりも
しばしば重苦しげでとだえがちになった」
ここがぼくの
好きな場所の
ひとつなんだ
この草の上に
横たわると
一番いい
考えが
浮かんで
来るんだよ…
絶壁すれすれの芝生
ツァラが生と踊った
舞台のモデルかも;;
ゴォォォ
その後3人はふもとの
ホテルアルペンローゼで
食事をとったあと
部屋をとって午睡
することにする
コン
コン
はい
だいぶ
お疲れの
ようだね
ちょっと早く
起こしに
来すぎたかな…
まだ疲れてるなら…
いや…もう
起きるよ！
ありがとう
こんな大袈裟な
気遣いをするような
男じゃなかったのに…
ニーチェ…
君はどうして
しまったのだ
翌日――
ドイセンは
ニーチェの
住まいを訪ねる
ここがぼくの
「洞窟」さ

ガチャ
がらーん
狭くてね
……
なんて粗末な…
洗面道具
卵のカラ
1日1フランでは仕方ないのか…
だが乱雑すぎる…
この14年の間に「家主の客扱いがどんなにずさんであるか、そして間借人たるニーチェがどんなに辛抱してすべてをなすがままにまかせてしまっているかが一目瞭然であった」
昔あんなにこじゃれた部屋に住んでいたのに…
隣街まで送るよ
ここでお別れだね 君どうか元気で
君こそドイセン
涙が… ほんとうにニーチェなのか?
「こんなことはニーチェにおいて私がかつて一度も見たことのなかったことであった」
そのころのニーチェは気力、体力、ともに尽きてしまいそうだったのかもしれない
ドイセン訪問から2年後くらいのニーチェの書簡
「私は44歳になり、およそ15冊の著作を出版したのに一つも注目すべき批評を受けたことがない。誰もが風変わりだ、病的だ、という言葉で片づけている」
「私は思わず知らず誰にも口を閉ざしてしまいます。私の実存の困難さを覗《のぞ》き見られたくないからです」

当時ニーチェを喜ばせた事件といえば　文学研究者のブランデスが大学で「ニーチェについて」の講義をしたことくらいだった（大入りだったらしい）
わかってくれる人もいる…ぼくは前人未踏の「価値の転換」をしてるんだ
この年——1888年44歳のニーチェは最後の輝きを見せる驚くべき早さで次々と論文や詩を仕上げた
ニーチェが直近に「死」を感じていたのは確かだが
一種の躁《そう》状態だったのかもしれない
「仕事も爽快な気分もテンポ・フォルテシモで前進している…」
友への手紙→
この秋からニーチェは急速に壊れていく
時の皇帝に妄想めいた手紙とともに自著を送りつけたり
友人たちやコジマに意味不明な手紙を送る
何これ…
コジマ（あだ名アリアドネ）→
「アリアドネ私はお前を愛すディオニュソス」
宿では裸で踊るニーチェが目撃されている
うそ
↑宿のおかみ
奇行は続いた1889年1月馬車の御者に鞭《むち》打たれる馬にかけよって泣きくずれる
→これは俗説という説もあります
やめろいじめないでくれ〜
それからほどなくして手紙の異変に心配した教授時代の同僚たちに助けられる
ニーチェ！
←様子を見に来たオーファーベック
うずくまって自分の原稿を読んでいたそう↓

最終的にイェーナの精神病院に入院
病名は「進行性麻痺症」
担当医はニーチェがかつてバーゼル大学の附属高校で教えた生徒だった
先生…
そのときニーチェは誰かれかまわず抱擁しキスしてまわる状態だったそうだ
約1年入院した後自宅に母がひきとり母亡きあとは夫の自殺で出戻った妹がそばで看病した
兄さま食事にする？
そのまま最後の日まで寝たきりの生活だった
カー
カー
カー
1900年8月ニーチェ55歳で没す
皮肉なことに発狂後の10年間でニーチェの人気はドイツでじわじわと高まっていく
妹エリーザベトが抜け目なくニーチェのメモや原稿や書簡を整理収集して出版していく
一部の書簡を都合よく改ざん後にバレる
そのおかげもあって没後ニーチェ・ブームがおこるのだ日本にもすぐ飛び火して熱いニーチェ・ファンが世間をさわがす
もちろんニーチェは知るよしもない
哲人ニーチェの時間は発狂後に止まったままだ
晩年のニーチェ
ガストさん手伝ってちょうだい
その墓は少年期を過ごした田舎町レッケンにある
父のかたわらに葬られた

哲学者人生の総まとめ

『偶像の黄昏』『反キリスト者』『この人を見よ』

狂気直前に書き上げた著作群

『ツァラトゥストラ』を刊行後、それがなかなか理解されなかったせいか、ニーチェはその思想を伝えるべく、『善悪の彼岸』や『道徳の系譜』を書いた。同時に、過去の自分の著作に新しい序を付けて改めて刊行している。そして、発狂する前年の一八八八年、**『偶像の黄昏』『反キリスト者』『ニーチェ対ワーグナー』『この人を見よ』**といった著作を一気に書き上げた。やがて訪れる狂気を予感していたのか、この時期のニーチェは、自分の哲学者人生の総まとめに入っている。

『偶像の黄昏』は、「古い真理」に「もうおしまいだ！」と宣告する作品だ。これまでニーチェが批判してきた数々の偶像、ソクラテス、理性、真理、宗教、道徳、ドイツ文化、哲学者・芸術家たちに改めて、「さらば！」が告げられる。

『反キリスト者』は、ある意味で『道徳の系譜』のキリスト教批判の続編で、いかに教会が人々のルサンチマンを吸い上げ、自分の権力を巧妙に拡大してきたか、この点が厳しく批判される。『ニーチェ対ワーグナー』は、前期から後期にわたる自分の著作のなかのワーグナー批判を抜粋してまとめたもの。

『この人を見よ』は自伝だ。**『この人を見よ』は、「なぜ私はこんなに利口なのか」といった過剰な章タイトルでも有名だが、その内容は、ニーチェ自身が自分の病気や弱さ、そしてルサンチマンとどのように向き合ったかを伝える真摯《しんし》なものだ。**

「力への思想」への誘い

こうした著作は、たしかにまとめには違いない。けれども、そこには、晩年の**「力への思想」**も見え隠れしている。**「芸術は生への大いなる刺激剤である」**（『偶像の黄昏』）、**「幸福とはなにか？　力が成長するということの、抵抗が克服されることの感情」**（『反キリスト者』）とニーチェが言うとき、それはいったいどんなことを意味しているのか。そう思うとき、わたしたちは「力への意志」をめぐる遺稿群にふれるよう誘われている。

発狂直前に一気に書き上げられた著作群

❶『偶像の黄昏』

副題は「いかに鉄槌《てっつい》(ハンマー)をもって哲学するか」。道徳問題、形而上学批判など、『道徳の系譜』までのニーチェの思想を要約した内容となっているため、ニーチェ入門としても読みやすい。

❷『反キリスト者』

ルサンチマンを食いものにしてきた痛烈なキリスト教批判を展開しているが、同時に、イエスに対しては「キリスト教」とは異なる分析をしている。仏教を好意的に評したくだりも興味深い。

❸『ニーチェ対ワーグナー』

なぜワーグナーに対して反感を抱き、敵対的な態度をとるようになったのかを説明するために、過去の著作から関連部分を抜粋・編集したもの。文章にはかなりの修正が施されている。

❹『この人を見よ』

ニーチェが自らの人生を振り返りながら個々の自著を解説したもの。「なぜ私はこんなに利口なのか」「なぜ私はこんなにもよい本を書くのか」など、挑発的な章の後、自著解説へと続いていく。

理解が深まるニーチェの言葉

およそ私の本より以上に、矜持《きょうじ》に満ちて、それでいて洗練された種類の書物がほかにあるなどとは、断じて思えない。(中略)**このような書物を征服するには、繊細きわまる指と、大胆きわまる拳との、両方をもってせねばなるまい。**

(『この人を見よ』)

解説 『この人を見よ』のなかには、こうした自画自賛のフレーズがふんだんに詰まっている。いまふうに言うなら「自分語り」が満載なのだ。それでもなお、華麗なレトリックに惹《ひ》かれて、ぐいぐいと読まされてしまう。

膨大な草稿をもとに妹が編集したが……

『権力への意志』とそのもととなった遺稿集

理論的な主著として一八八二年から計画

ニーチェは、『ツァラトゥストラ』の他に、理論的な主著として**『権力への意志』**という本を計画していた。計画はすでに一八八二年ごろからあった。一八八八年に計画を断念するまで、ニーチェは膨大な草稿を遺《のこ》し、これらは、ニーチェの死後、妹や弟子の手によって編集され、『権力への意志』として刊行された（現在では、その編集上の問題が指摘され、専門的にはもとの断片的な草稿が扱われるようになっている）。**『権力への意志』は、ハイデガーやフランス・ポストモダンの思想家たちに大きな影響を与えた。**

この未刊の主著のキーワード、「力への意志」とはどのようなものだろうか。それは、大きく言えば、**生理学**、**認識論**、**芸術**といった軸で整理できる。

生理学としての「力への意志」とは、人間を含め、どんな生き物でも、抵抗や困難を克服して、自分をいままでより大きくしてよろこぶ、そういう力があることを示す原理として置かれている。

「一切の価値転換」のためのキーワード

認識論としての「力への意志」は、それまでの学問を支えていた、真理や客観への信仰を編み変える原理として置かれている。**世界そのものや客観的真理はない。すべてはそれぞれの生命による解釈（遠近法）にすぎない。**ニーチェはそう言うのだが、同時に、この解釈はまた、生をより大きく元気にするものでなくてはならない、と言う。一切は解釈だけれども、解釈にはよし・あしがある。**「力への意志」は価値の基準でもあるのだ。**だから、**芸術としての「力への意志」はよい芸術の基準となる。芸術は、困難や苦しみにもかかわらず、それでも生きようとする人間の努力をはげますものでなくてはならない、**と。

このように見てくると、「力への意志」は『ツァラトゥストラ』で提出された**「生の肯定」**という思想と深く響き合っていることがわかる。それは、「生の肯定」をもとに、あらゆる文化の意味を改めようとする、**「一切の価値転換」**のためのキーワードなのだ。

『権力への意志』の成立事情

草稿メモ執筆期（1882～1888年）

ニーチェ自身が、〈権力への意志〉を主題、〈すべての価値の価値転換の試み〉を副題とする著作を構想。断片的な草稿メモが書き続けられた。

↓

著作構想を断念

草稿メモの一部を利用して、
『偶像の黄昏』『反キリスト者』完成

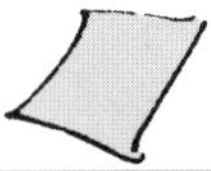

↓

エリーザベトによる編集

ニーチェの死後、妹のエリーザベトがペーター・ガストとともに、『権力への意志』を編集。1901年刊行。

↓

1906年にさらに断章を増補して新版を刊行

↓

シュレヒタによる批判

1954年、新しいニーチェ選集の編者であるシュレヒタが、『権力への意志』の遺稿はもともと単なる断片群であり、妹エリーザベトとペーター・ガストが、ニーチェの計画とは無関係に勝手に加工して編集した著作であると主張した。

テーマ「力の思想」❶

「力の思想」は「主観-客観」図式を乗り越える

ニーチェの言葉

すなわち、一種の肯定が最初の知的活動なのである！　初めに「真なりと思いこむこと」ありき！　それゆえ、どうして「真なりと思いこむこと」が発生したのかを説明すべし！　「真」の背後にはいかなる感覚がひそんでいるのか？

（『権力への意志』）

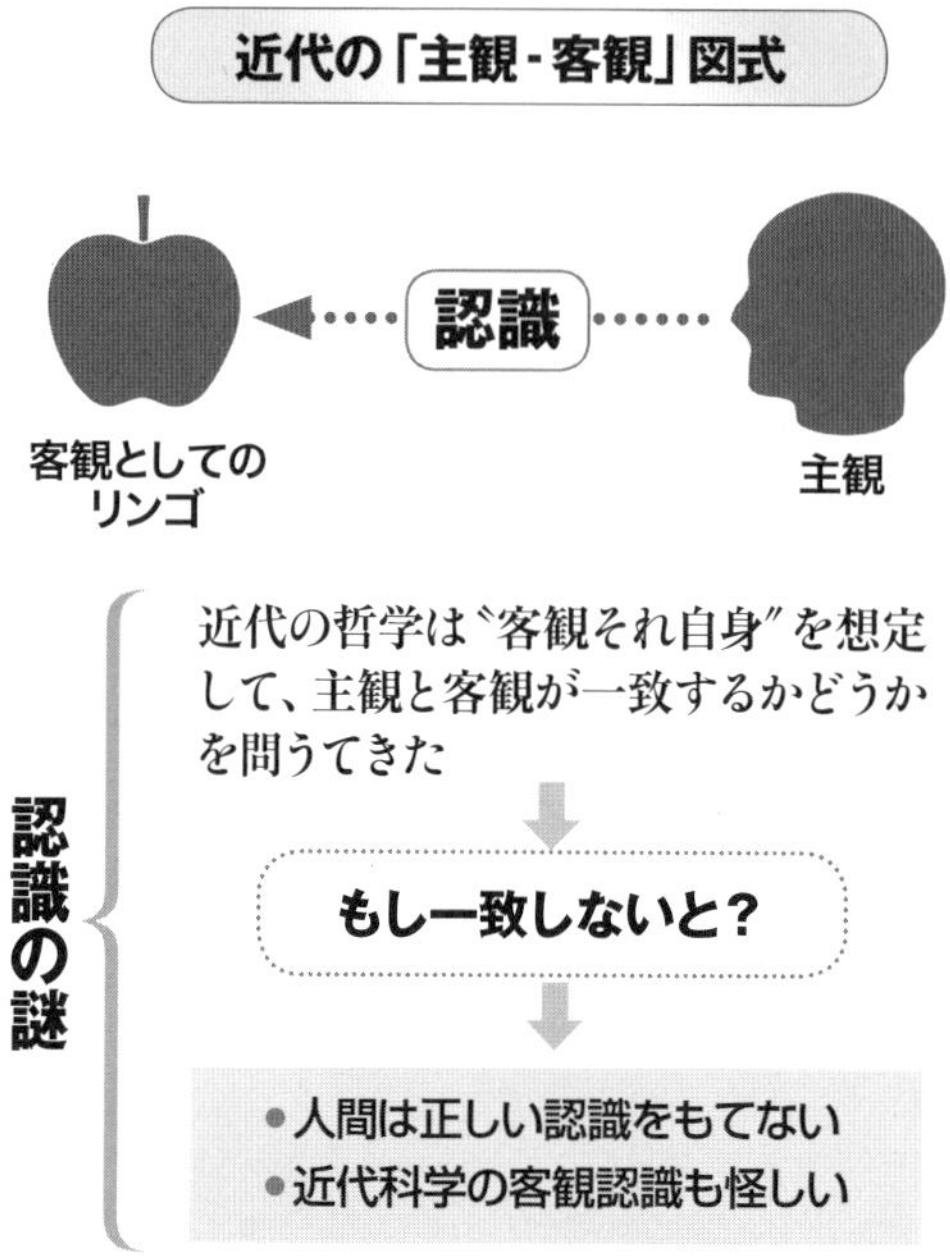
近代の「主観-客観」図式
認識
客観としてのリンゴ
主観
近代の哲学は〝客観それ自身〟を想定して、主観と客観が一致するかどうかを問うてきた
もし一致しないと？
・人間は正しい認識をもてない
・近代科学の客観認識も怪しい
認識の謎

ニーチェ思想を支える二本の柱は、**「永遠回帰」**と**「力の思想＊」**だ。見てきたように、ニーチェ思想は、「神の死」「ニヒリズム」、その克服としての「永遠回帰」という道をたどって進んできたが、彼の世界洞察を底で支える最も深い根はこの「力の思想」である。

「力の思想」とは何か。第一に、それは、伝統的な近代認識論のパラダイム（枠組み）**の決定的な転回を意味する。**人間は世界を正しく認識できるのか。これは近代哲学を貫く第一の問いだが、その基本パラダイムが、「主観-客観」図式である。

この考えからは、もし認識（＝主観）が客観に

＊ドイツ語の“die Macht”は「権力」と訳されることが多かったが、「力」と「権力」と二重に使い分けるのが妥当（竹田）

生きる力（欲望）に相関して世界は現われる

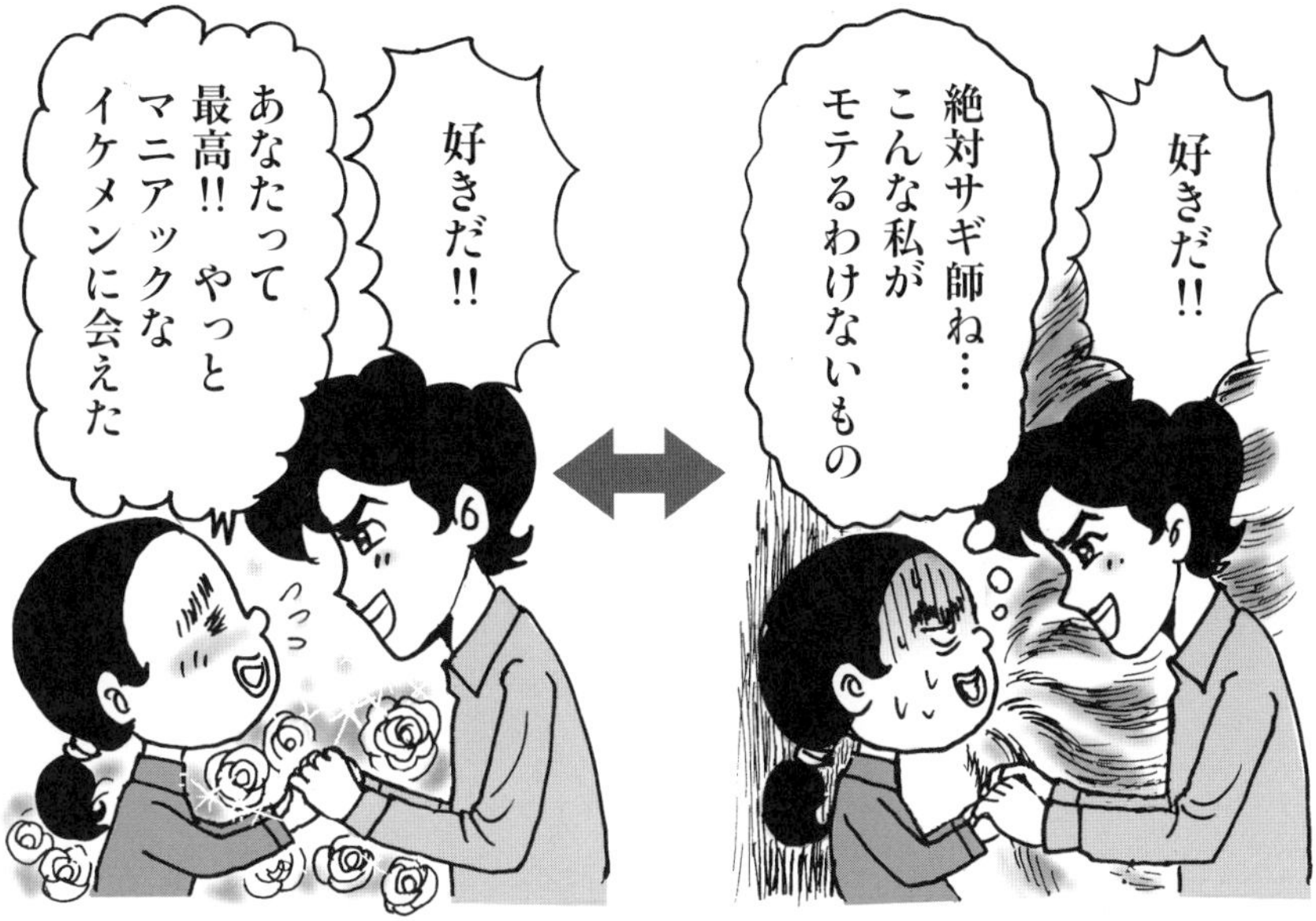
好きだ!!
絶対サギ師ね…こんな私がモテるわけないもの
好きだ!!
あなたって最高!! やっとマニアックなイケメンに会えた

〝一致〟するなら、「客観的真理」がつかまれることになる。だが、**哲学的には、デカルト以来、「主観」と「客観」は決して一致しえないことが論理的に〝証明〟されてきた。**主客の「一致」がありえないなら、第一に、人間は正しい認識をもてないことになる。第二に、近代科学の客観認識もすべて怪しいことになる。つまり、認識一般が「謎」になるのだ。

そこでカント、ヘーゲルなどの大哲学者たちはこぞってこの謎を解こうとしたが、完全な答えを出せなかった。ニーチェは、このデカルト以来の「認識の謎」に一つの決定的な答えを与えたのだ。

彼の答えの要諦をひとことで言えば、「主-客」図式に代えて、**「力-相関」図式**を置いた点にある。これはどういう考えか。「世界それ自体」というものは存在しない。したがって、「真理」なるものも、「客観的現実」も存在しない。**「世界」はただ、人間の生きる力（=欲望）に相関してのみ、つまり「生への意志」のあるところにのみ存在する……。**

これは、ヨーロッパにはじめて現われた、一つのまったく独創的で根底的な世界観だった。

テーマ「力の思想」❷

世界は解釈でできている

ニーチェの言葉

現象に立ちどまって「あるのはただ事実のみ」と主張する実証主義に反対して、私は言うであろう。否、まさしく事実なるものはなく、あるのはただ解釈のみと。

（『権力への意志』）

「認識の謎」に対するカントの図式

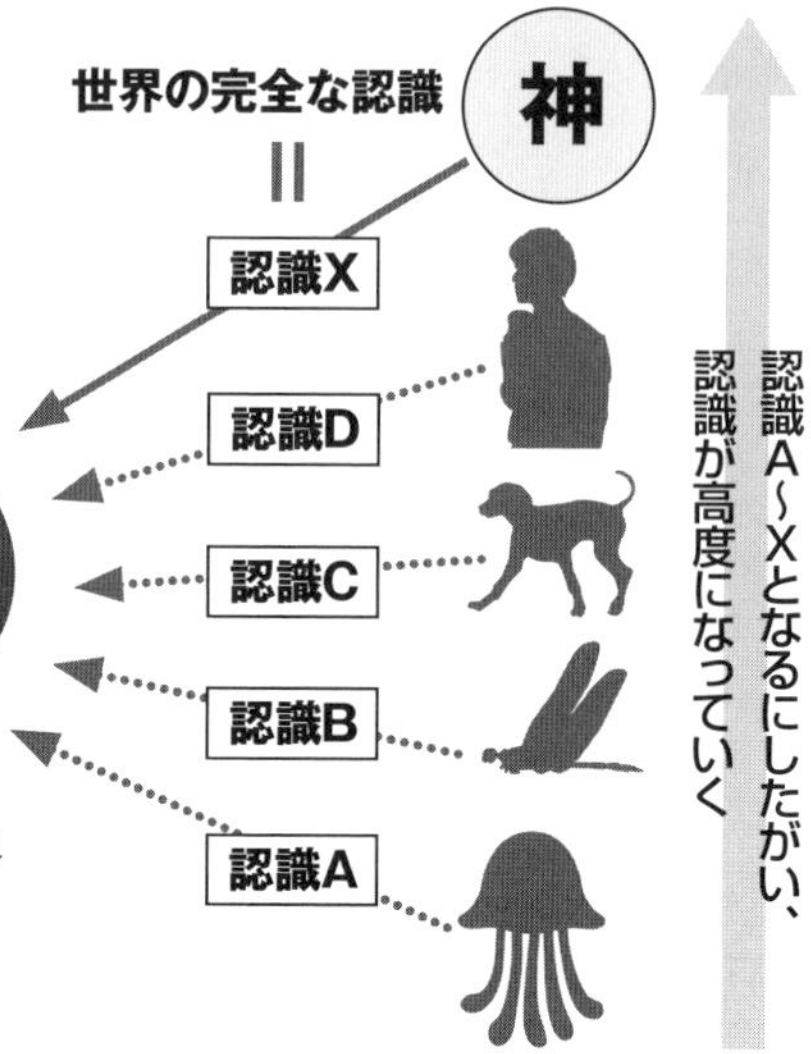
世界の完全な認識
神
＝
認識X
認識D
認識C
認識B
認識A
客観存在
としての世界
認識A～Xとなるにしたがい、認識が高度になっていく

カント

「認識の謎」に対するカントの答えも、なかなかのものだった。彼によると、**人間の認識能力**（主観）**は不完全である。だから「世界」を完全に認識することはできない。世界の「完全な認識」は神のみがもつ。**こうして世界はどこまでも不可知な**「物自体」**となる！

ただし、「経験世界」という枠内では共通認識が可能だから、科学は自然世界の「客観認識」を成立させることができる。これも当時としては大変な発想の転換だったので、認識のコペルニクス的転回と言われた。しかしニーチェの考えは、さらに上をゆく。

ニーチェでは神は存在しないから、完全な認識などはどこにもない。**さまざまな生き物が自分の「力への意志」、つまり各自の「欲望＝身体」にあわせて、さまざまに世**

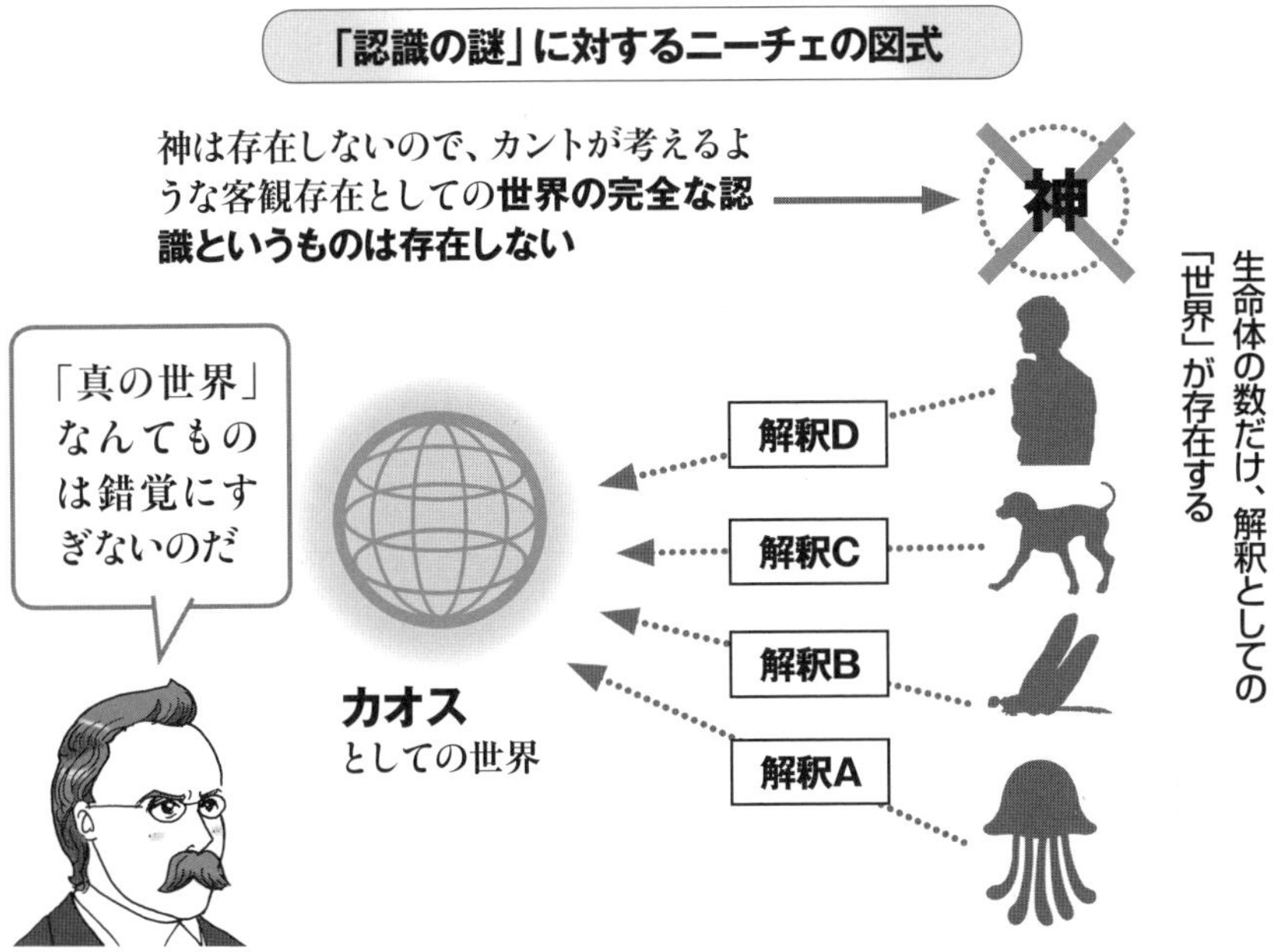
「認識の謎」に対するニーチェの図式
神は存在しないので、カントが考えるような客観存在としての世界の完全な認識というものは存在しない
神
生命体の数だけ、解釈としての「世界」が存在する
「真の世界」なんてものは錯覚にすぎないのだ
解釈D
解釈C
解釈B
解釈A
カオスとしての世界

界を「解釈」しているだけだ。すると「世界それ自体」という概念も成り立たないからニーチェはこれを、**「カオス」**と呼んだ。これこそ、ヨーロッパの世界像の大転換だった。**それぞれの「力への意志」が、自分独自の「世界」を作り出して生きている。「真の世界」なぞは存在せず、各個体の「生きられた世界」だけが本源的な「世界」なのだ。**

これ以上は詳しく書けないが、さしあたりこれだけでもニーチェの発想の独創性は分かるはずだ。**数千年のあいだ人々が固く信じていた「世界それ自体」や「真理」は、ニーチェによって、ひとつの巨大な錯覚だったことが看破された**のだ。

これまでも、世界の「真理」という観念を否定する考えはなかったわけではない。懐疑主義、相対主義、不可知論である。しかし、これらは、大昔から、真理主義のライバルとしてどの文明にも存在してきたものだ。

ニーチェが果たした達成のすごさは、歴史上、はじめて〝第三の考え〟を示したという点だ。この「力の思想」は、出発点は認識論だが、その射程はきわめて広く、深い。なにより、このアイデアこそ「意味と価値」の哲学の新しい原理となるからだ。

生理的な欲求・衝動が世界を価値づけていく

テーマ 生理学としての「力への意志」❶

ニーチェの言葉

世界を解釈するもの、それは私たちの欲求である、私たちの衝動とこのものの賛否である。いずれの衝動も一種の支配欲であり、いずれもがその遠近法をもっており、このおのれの遠近法を規範とするように、その他すべての衝動に強制したがっているのである。

（『権力への意志』）

「真理主義」と**「懐疑主義」（相対主義）**は、哲学が生まれて以来、光の神と闇の神のように戦い合ってきた。片方が、世界それ自体が存在する以上真理がある、と言えば、片方は、世界が存在しても、絶対的に客観的な認識など不可能だから、真理はつかめないと主張した。決着はどこまでもつかなかった。

「力の思想」は一見相対主義に似ている。しかし、そうではないのは、「力の思想」の出どころが、「身体」や「欲望」にあるからだ。世界それ自体というものはなく、一切は「肉体」の「欲求」や「衝動」による解釈である。ここでの**「解釈」とは、すなわち「意味」や「価値」がある、ない、という判断のことだ。**

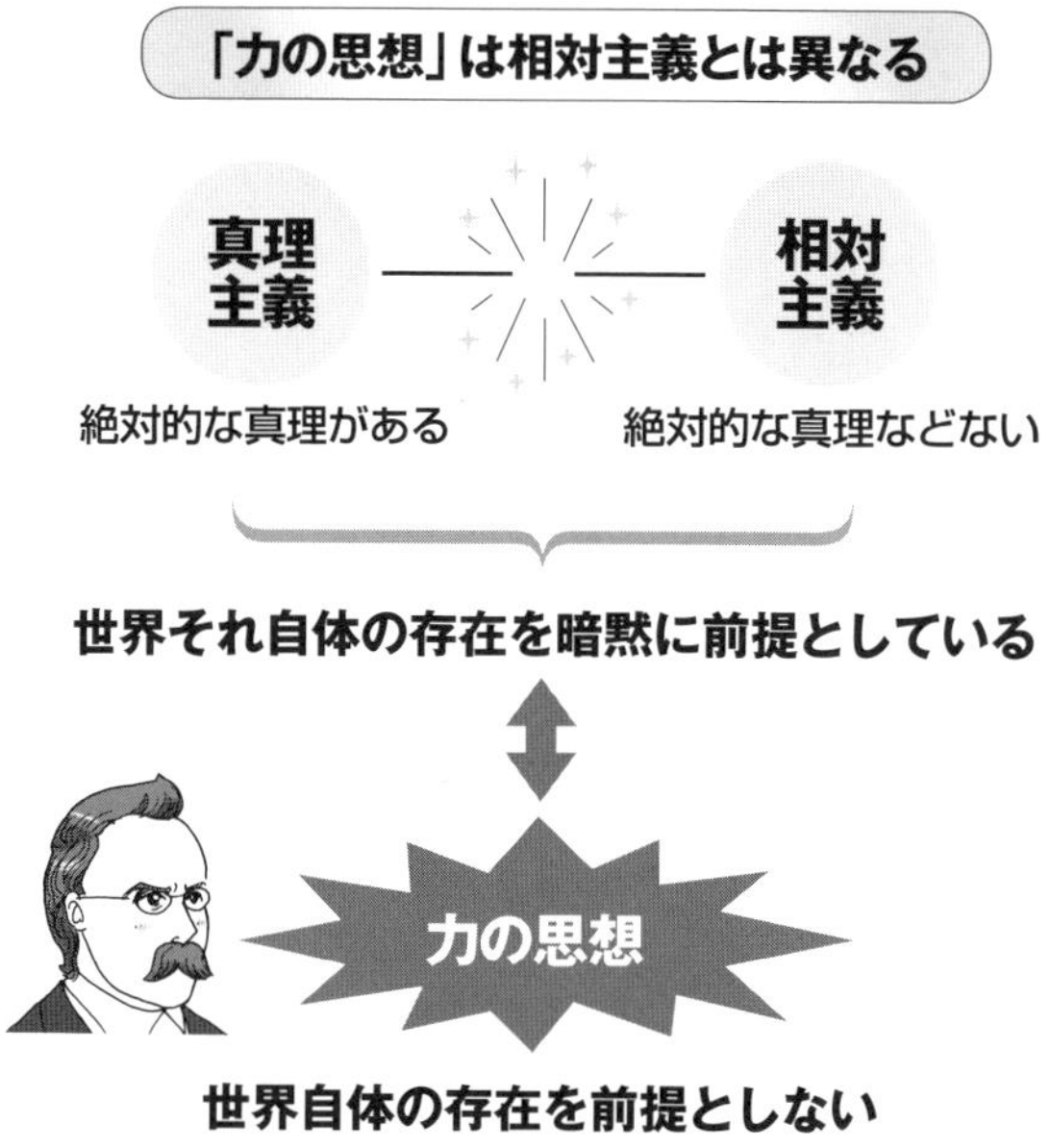
「力の思想」は相対主義とは異なる
真理主義
相対主義
絶対的な真理がある
絶対的な真理などない
世界それ自体の存在を暗黙に前提としている
力の思想
世界自体の存在を前提としない

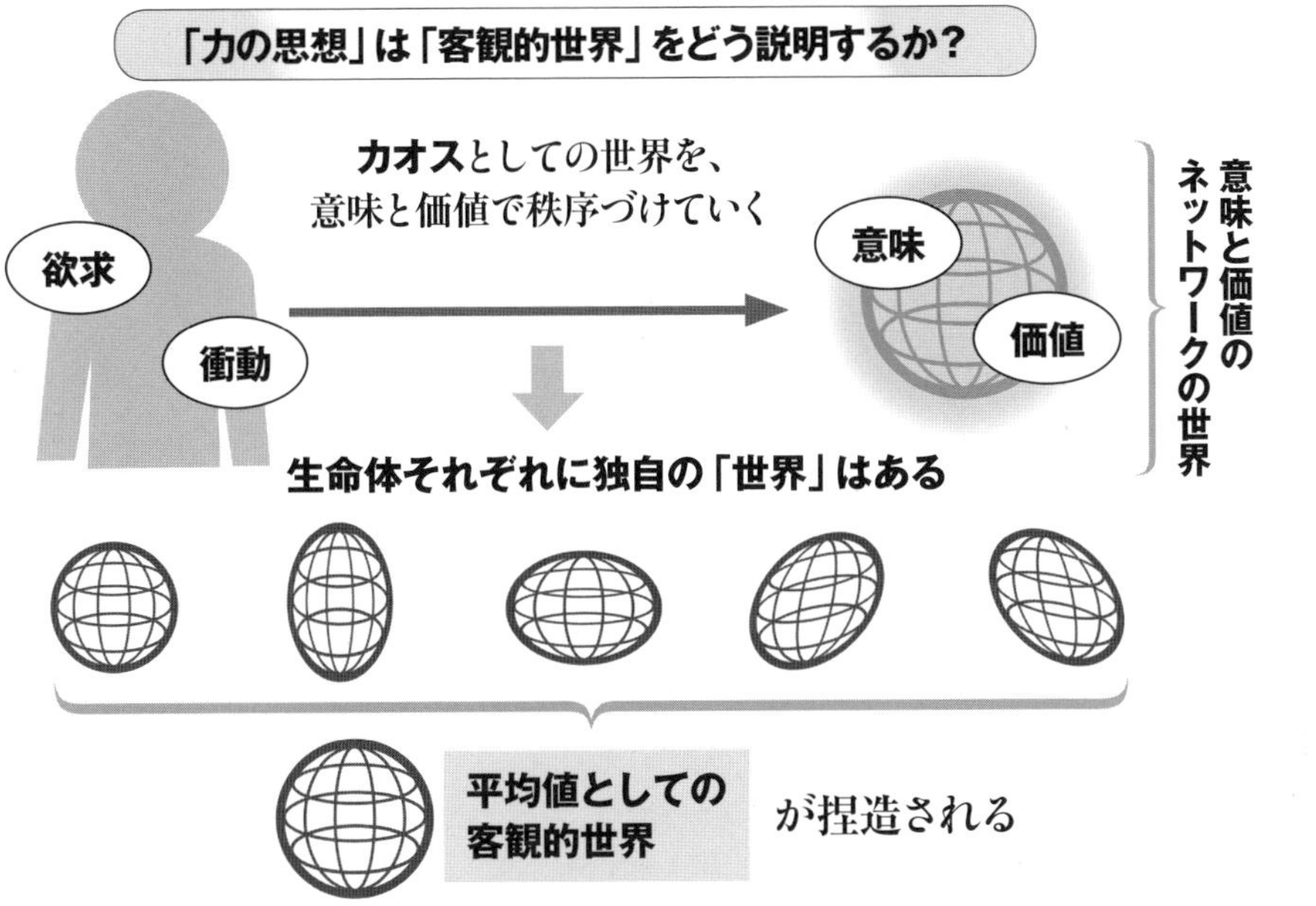
「力の思想」は「客観的世界」をどう説明するか？
欲求
衝動
カオスとしての世界を、
意味と価値で秩序づけていく
意味
価値
意味と価値のネットワークの世界
生命体それぞれに独自の「世界」はある
平均値としての客観的世界
が捏造される

従来の「主客図式」では、世界はそれ自体存在し、認識はそれをあるがままに映す「鏡」である。鏡が曇っていたり歪《ゆが》んでいたりすると、〝誤った認識〟になる。だが「力の思想」では、「鏡」の代わりにまず個体の生理的＝身体的「欲求」や「衝動」があり、それがまわりの世界を、この「生の力」にあわせて、「意味と価値のネットワークの世界」として、再配列するのだ。

注意すべきは、**相対主義や懐疑主義は、まだ「世界自体」を暗黙の前提としている**ということだ。それはただ、絶対的に客観的な認識などありえない、と主張する。「力の思想」は、まったく違った発想をとる。〝正しい見方〟があるかないか？　そんなことははじめから問題ではない。一切は「価値」があるかないか、である。そこから「意味」の秩序も現われる。そして最後に、価値としての世界の平均値として、**人間は、「客観的世界」なるものを捏造《ねつぞう》してきたのだ。**そうニーチェは主張する。

「力の思想」が、古くからある相対主義でも懐疑主義でもないということ、これはニーチェ思想を理解する上で決定的に重要な点だ。

「力への意志」は全体主義的思想なのか？

テーマ　生理学としての「力への意志」――❷

ニーチェの言葉

根本現象は、無数の個体が少数のもののために、このものの可能化として、犠牲にされるということである。――欺かれてはならない、事情は民族や種族に関してもまったく同様であり、民族や種族は、偉大な過程を継続せしめる個々の価値多い諸個人の産出のための「肉体」を形成するのである。（『悦ばしき知識』）

「力の思想」の進化論的な図式

ニーチェの「力への意志」は、「強力な個人の創出」を目標とする考え方にゆきついてしまう

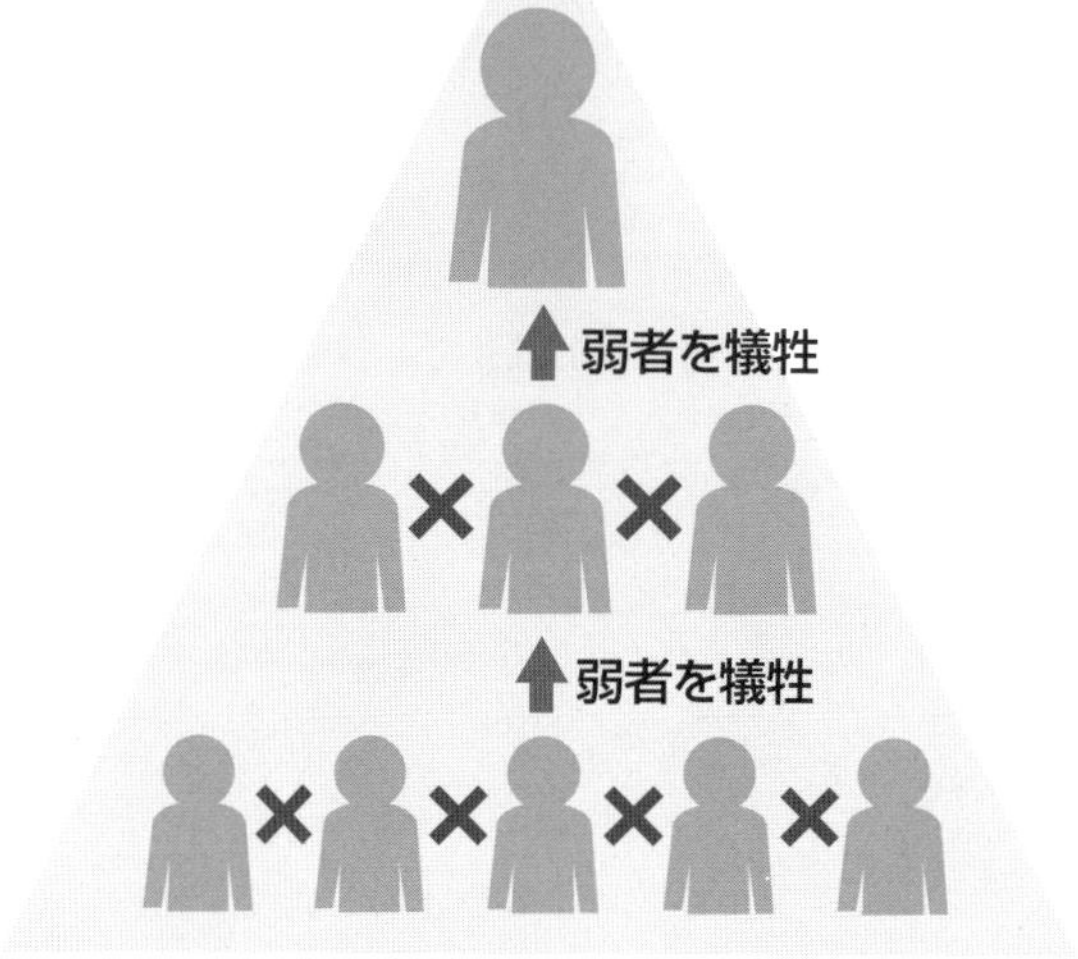

右の引用を、かみ砕けばこうなる。少数のより強力な生き物（強い「力への意志」をもった肉体＝身体）が、たえずより弱小な生き物を犠牲にして、いっそう強くなってゆくこと。これこそが、世界で起こっている「根本現象」である、と。

力点は二つある。まず、**生きんとする「力への意志」のせめぎあいこそが世界の万象の根底にある**ということ。次に、より強力な民族や種は他を犠牲にして生き延びるが、それは結局、より強力でより高い価値をもった個体を生み出すことにゆきつく。ニーチェによれば、これこそが世界の「根本現象」なのだ。

さて、読者は、これはちょっとヤバイのでは、と思う

ニーチェの根本仮説の問題点

弱い者を犠牲にして、強力な個体を生み出すことが世界の根本現象だ

↓

民族や種族にも適用される

↓

- ニーチェが批判したはずの**「歴史の審判」**や**「絶対精神の現実化」**といった**「超越的な意味」**があることになる
- ナチスなどの**優生学的な思想**に利用されやすい

↓

実際、ニーチェの思想は曲解されて、ナチスに利用された

単なる**弱肉強食**の思想になってしまわないか？

のではないだろうか。これだと、**世界にさまざまな生き物（肉体）が存在してせめぎあうその理由は、より価値ある個体を生み出すためだ、**ということになる。

　たとえば、ヘーゲルの哲学体系では、人間の歴史は、人間精神が、自己の本質が「絶対精神」（神）と同一でそれを完全に理解するにいたる道程である、とされる。ニーチェの説もこれに似て、歴史の無数の出来事にはある「超越的な意味」があることになる。

　このニーチェの「生理学主義」的な根本仮説は、世界から一切の超越的な意味を取り払ったはずのニーチェとしては、やや首をかしげたくなる。**より強力な種や個体を選び出すことに進化の意味がある、というニュアンスは、また、ナチスなどに利用される格好の手がかりになった。**

『権力への意志』では、こういう「生物学主義」の色あいが強く見えるので、あえて紹介した。しかし、このことでニーチェ思想を全体主義的と考えるのは早計だ。彼が、「意識」ではなくあくまで「肉体」（生理学）に重きを置いたのは、いかにキリスト教的世界像に対抗するかという課題に強く押されていたからだ。

「力への意志」は形而上学を破壊する

テーマ　価値の原理としての「力への意志」（遠近法）――❶

ニーチェの言葉

形而上学の心理学によせて。――この世は仮象である、したがってある真の世界がある、――この世は制約されている、したがってある無制約的な世界がある、――この世は矛盾にみちている、したがってある矛盾のない世界がある、（略）――これらの推論はまったくの偽りである。

（『権力への意志』）

形而上学はなぜ生まれたのか？

ニーチェは「形而上学」は、現世での苦しみの意味を見出したい人間の「捏造」だと考えた

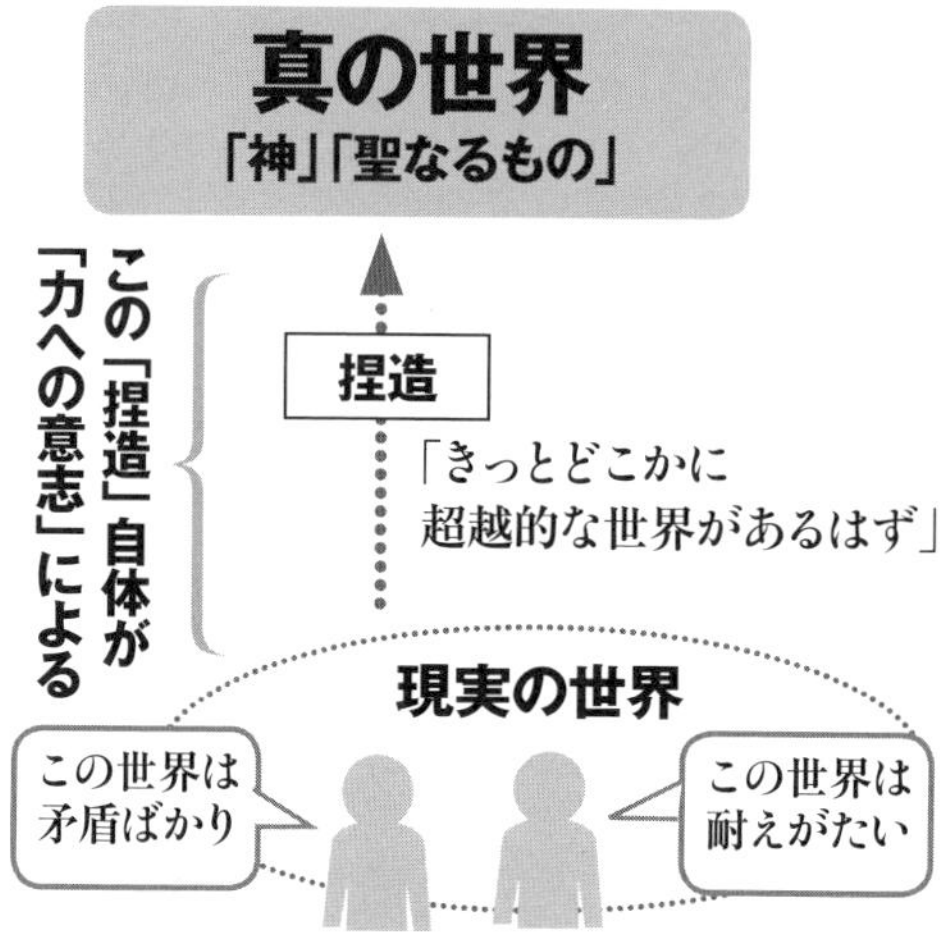
真の世界
「神」「聖なるもの」
捏造
「きっとどこかに超越的な世界があるはず」
この「捏造」自体が「力への意志」による
現実の世界
この世界は矛盾ばかり
この世界は耐えがたい

では、「力」という〝勝ち誇る〟概念は、いったい何を破壊するのか？　それがまず破壊するのは、キリスト教と近代哲学を支えてきた「形而上学」である。

「形而上学」とは、この世界を超えたどこかに、何か超越的な意味や聖性が存在するはずだという確信のことだ。じつは、すでにカントが、『純粋理性批判』で、「形而上学は不可能である」という証明をおこなった。これも大きな業績だったが、ニーチェの〝破壊〟はもっと徹底している。

右の引用がそれをよく象徴する。この世界は矛盾に満ちている。だから矛盾のない「真なる世界」があるはずだ。この世界は「苦しみ」に満ちている。この苦しみには「意

「超人」と「超越者」は似て非なるもの

味」があるはずだ。だから、その源泉としての「神」が存在するはずだ……。

ニーチェは、長くヨーロッパ思想を支えてきた「形而上学」の核心を、わずか数行の心理的「推論」に還元する。**人間は、文明発生以来、一切の「意味」や「価値」は、現実世界を超えた何らかの「超越者」に源泉をもつと考えてきた。**「生の意味と目標」はそこから与えられると信じられ、またこの想定から、壮大な、形而上学的・神学的体系の伽藍《がらん》が築き上げられてきた。

なぜか。誰も、生の意味と目標なしに生きることはできないからだ。あるいは、生が苦しみである大多数の個体にとって最も耐えがたいことは、苦しみの意味と理由が見出せないことだ。**その不安と恐怖の心理学が、生の意味と目標を与えてくれる「神」と「聖なるもの」についての「形而上学」を〝捏造《ねつぞう》〟してきた。**

要するに、**「形而上学」、この「超越項」の捏造自体が、人間の、生きようとする「力への意志」のネガティヴな所産にほかならない。**こうして、ニーチェは、人間の意味と価値の根拠についての「形而上学」的解釈を、徹底的に破壊する。

テーマ 価値の原理としての「力への意志」（遠近法）——❷

条件によって「力への意志」は姿を変える

ニーチェの言葉

世界の価値は私たちの解釈のうちにあるということ（略）、言いかえれば、力への、力の生長への意志のうちで、私たちの自己保存を可能ならしめる遠近法的評価であるということ（略）、——このことは私の諸著作を一貫している。

（『権力への意志』）

価値の源泉には「力への意志」がある

「よしあし」「美醜」「真偽」といった価値の秩序は、根本的には「力への意志」による解釈を源泉とする

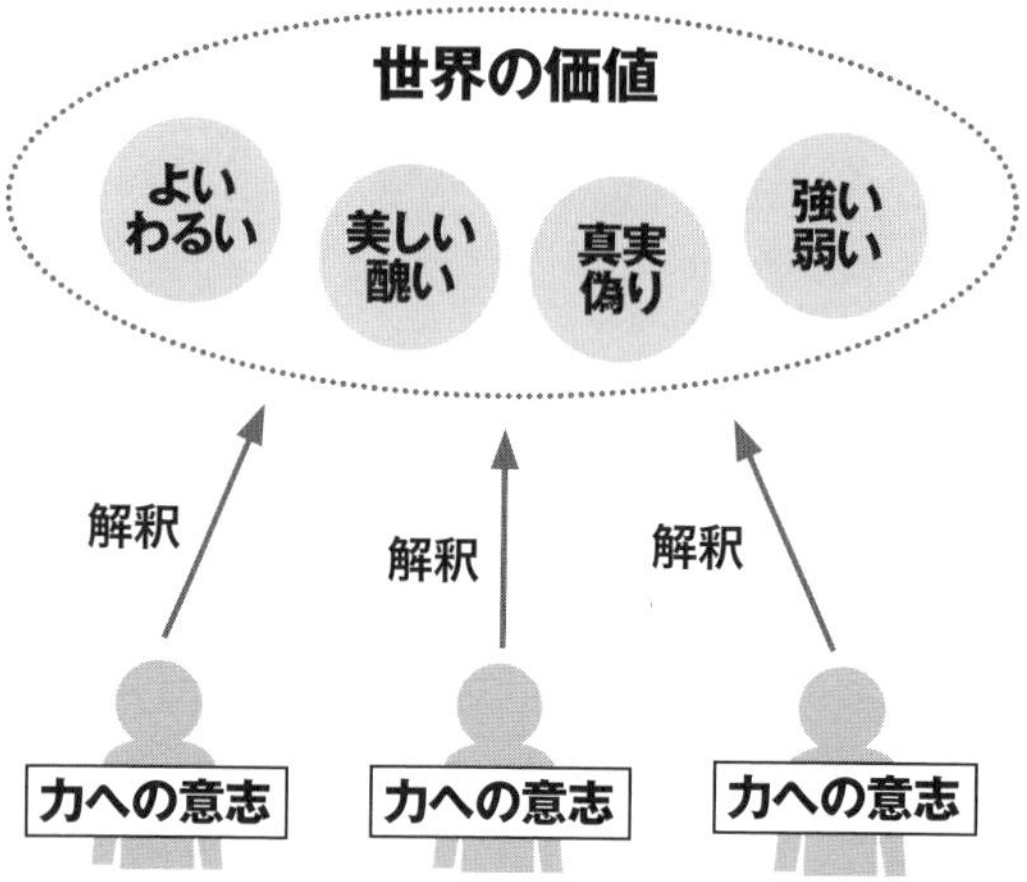
世界の価値
よい わるい
美しい 醜い
真実 偽り
強い 弱い
解釈
解釈
解釈
力への意志
力への意志
力への意志

「力の思想」は、ヨーロッパ哲学にはじめて根本的な「価値」の原理論を導入した。だが、「力の思想」がどのように人間的「価値」の理論を基礎づけるのかは、そう分かりやすくない。「力への意志」とは、つまり「自己拡大」の欲望だから、それは結局、世界を赤裸々な力の闘いの場とみなすだけで、そこからは、倫理や道徳の価値は現われようがない。そう考える人もいるだろう。しかし、次のようなアフォリズムを見よう。

「力への意志」は、①**被圧迫者では、「自由」への渇望として現われる。**ここでは「単に解放されること」だけが問題となる。②**「比較的強い者」のところでは、「権力の優勢への意志」として、より優位に立とうとする欲望と**

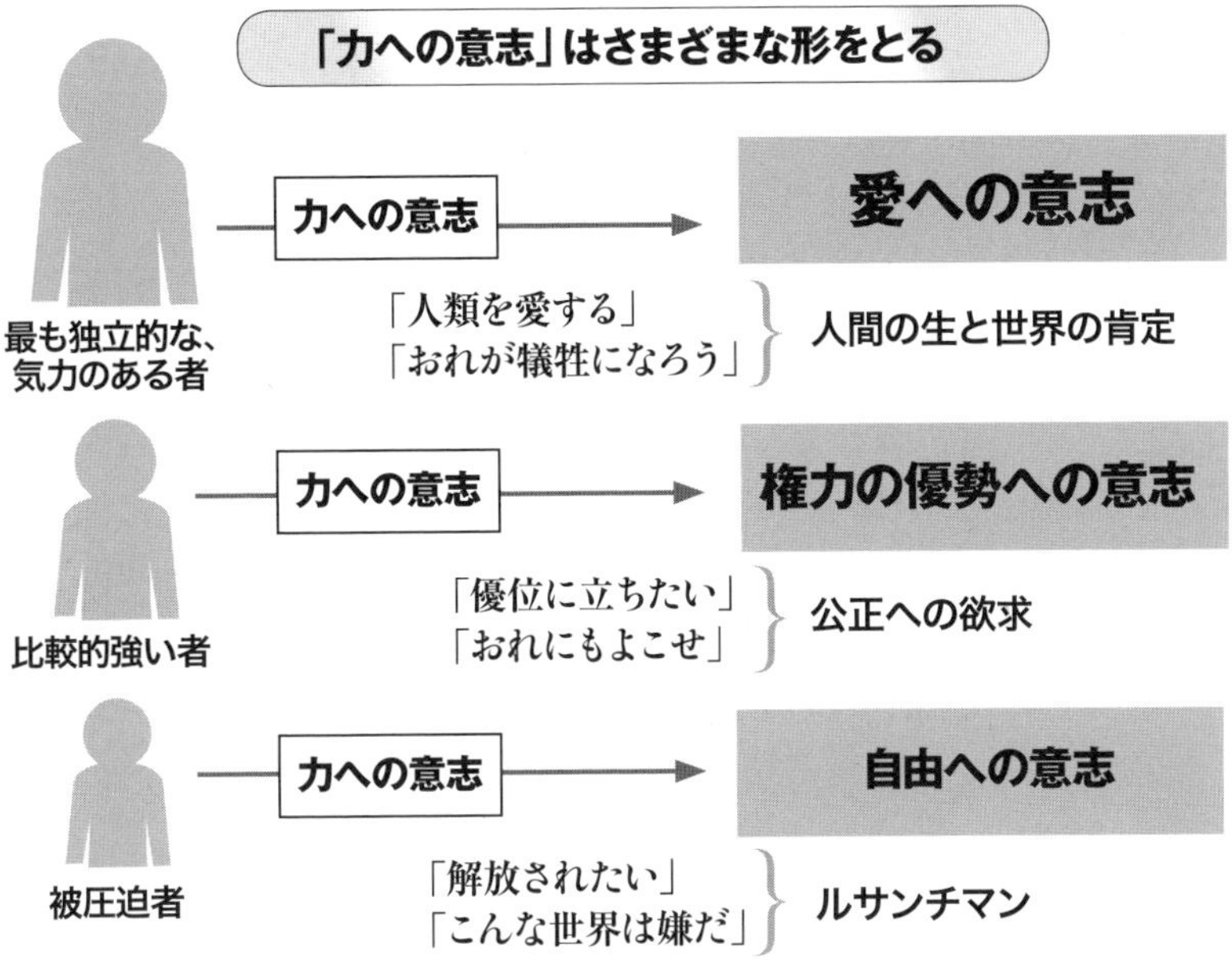
「力への意志」はさまざまな形をとる
最も独立的な、気力のある者
力への意志
愛への意志
「人類を愛する」
「おれが犠牲になろう」
人間の生と世界の肯定
比較的強い者
力への意志
権力の優勢への意志
「優位に立ちたい」
「おれにもよこせ」
公正への欲求
被圧迫者
力への意志
自由への意志
「解放されたい」
「こんな世界は嫌だ」
ルサンチマン

して現われる。また、それが失敗したときは、「公正」（おれにもよこせ）への意志として現われる。

最後に、**③最も独立的で、気力ある者のところでは、「人類への愛」「民衆への愛」として、同情や自己犠牲その他として現われうる。**つまり、人々に「方向を与える」英雄、予言者の意志として、また「自由」「公正」「愛」として現われうる……。

この問題には、二つ力点がある。第一に**人間の「力への意志」は、その条件に応じてさまざまな形をとる**ということ。それは、意志の弱小なところでは、つまり圧迫され、挫折しているところでは、単なる「解放」の、さらに、内向したルサンチマンや攻撃性の欲望となる。しかし、強きところでは、まず競争的意志に、さらに公正への欲求や、同情や、愛にまでなりうる。

第二に、**人間の倫理や愛という価値は、これまでは、挫折した弱き「力への意志」の、内向し反転した現われにほかならなかった、**ということ。要するに、倫理や愛の価値もまた、挫折し内向した「力への意志」からではなく、強く独立的で朗らかな「力への意志」から取り出すべきである。そうニーチェは言うのだ。

新しい価値の原理は芸術の本質に宿っている

テーマ 芸術としての「力への意志」（実存の思想）❶

ニーチェの言葉

「善と美とは一つである」と主張するのは、哲学者の品位にふさわしからざることである。さらにそのうえ「真もまた」とつけくわえるのなら、その哲学者を殴りとばすべきである。真理は醜い。私たちが芸術をもっているのは、私たちが真理で台なしにならないためである。

（『権力への意志』）

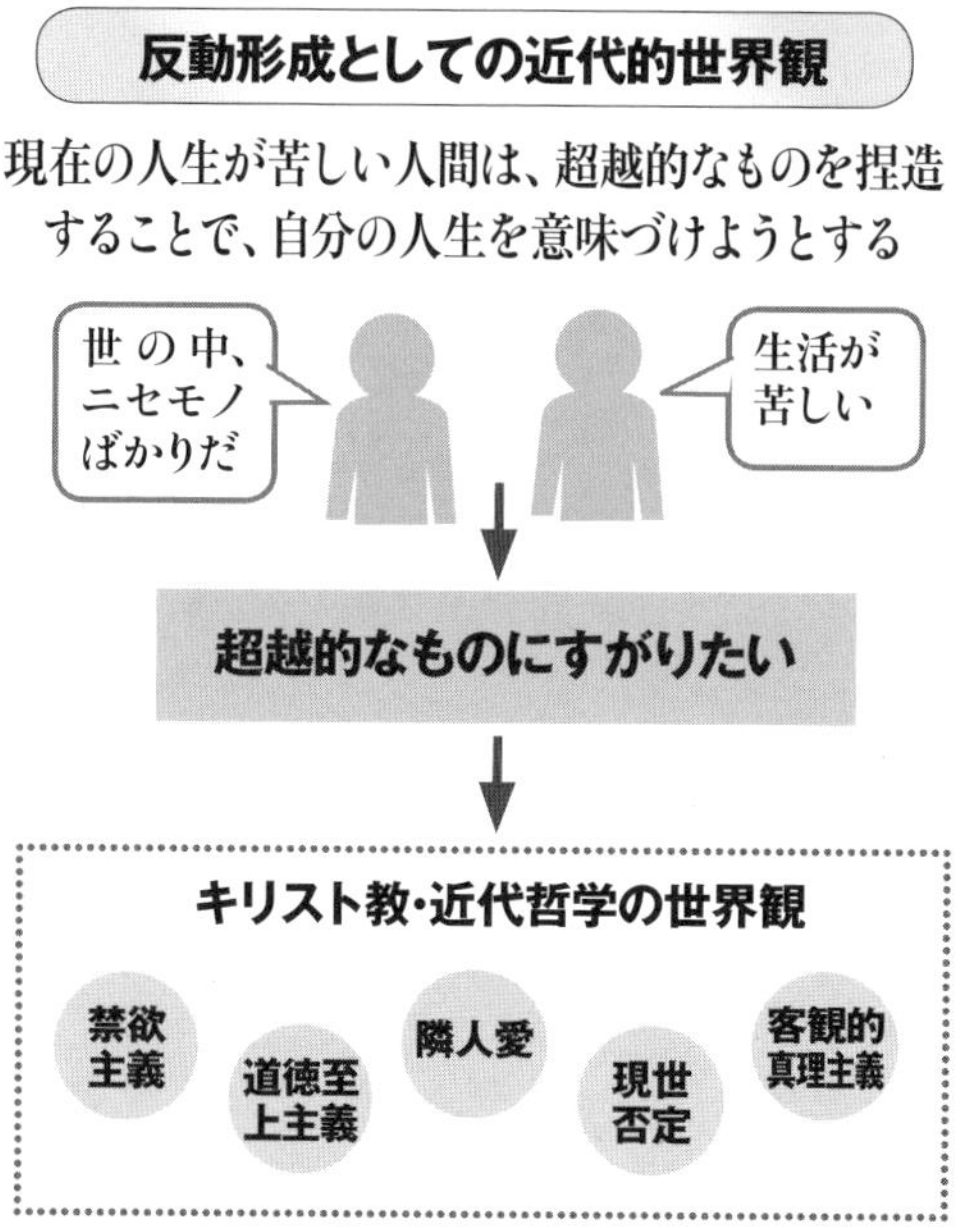
反動形成としての近代的世界観
現在の人生が苦しい人間は、超越的なものを捏造することで、自分の人生を意味づけようとする
世の中、ニセモノばかりだ
生活が苦しい
超越的なものにすがりたい
キリスト教・近代哲学の世界観
禁欲主義
道徳至上主義
隣人愛
現世否定
客観的真理主義

ニーチェは、「徹底的な思想家」だから、一切の価値の転倒にとどまらず、新しい**「価値定立の原理」**を打ち立てようとした。しかし晩年の健康の悪化はニーチェからその時間を奪った。そのため、彼の「価値の哲学」は、体系的なものとしては残されていない。

「芸術としての力への意志」は、『権力への意志』第三書「新しい価値定立の原理」の最終章のタイトルだが、この短い章は、彼の「価値の原理」の核心をとてもよく伝えているので、ぜひ一読したい章だ。

右の引用は、プラトンのイデア説に対するニーチェの反論だ。ただしプラトンの「善」は、ニーチェが嫌悪した〝道徳的〟な善ではない。むしろ、美とエロスの思想

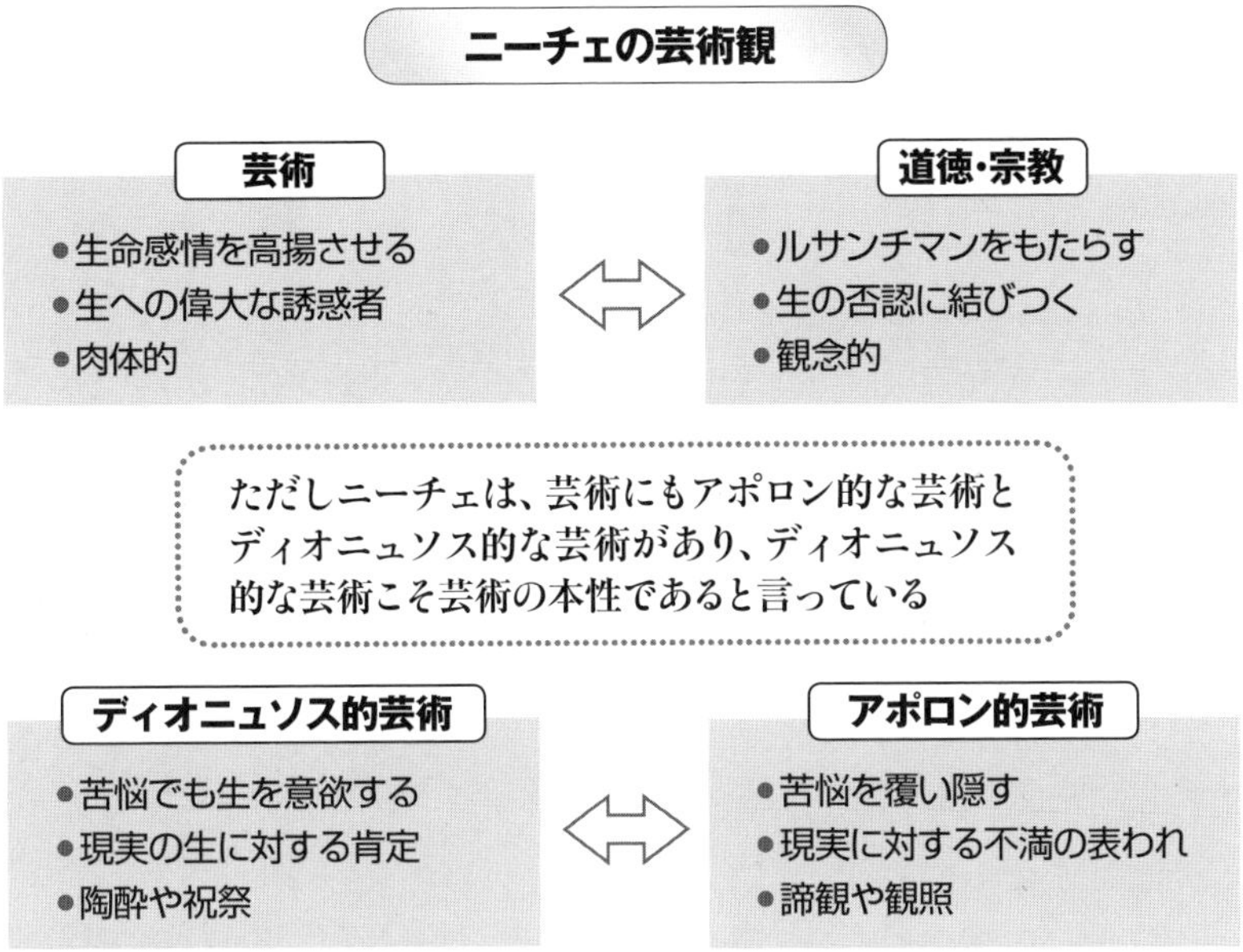
ニーチェの芸術観
芸術
●生命感情を高揚させる
●生への偉大な誘惑者
●肉体的
道徳・宗教
●ルサンチマンをもたらす
●生の否認に結びつく
●観念的
ただしニーチェは、芸術にもアポロン的な芸術とディオニュソス的な芸術があり、ディオニュソス的な芸術こそ芸術の本性であると言っている
ディオニュソス的芸術
●苦悩でも生を意欲する
●現実の生に対する肯定
●陶酔や祝祭
アポロン的芸術
●苦悩を覆い隠す
●現実に対する不満の表われ
●諦観や観照

として、プラトン↓スタンダール↓ニーチェ↓バタイユは、同じ系譜にあると私は思う。

ともあれ、こんな言葉がある。

「宗教、道徳、哲学は、人間のデカダンスの形式である。――この反対運動が、すなわち芸術」。あるいは、「芸術の本質はあくまで、それが生を完成せしめ、それが完全性と充実を産みだすことにある。**芸術は本質的に、生の肯定、祝福、神化である**」。

われわれの心臓を、一瞬わしづかみにし、わくわくさせ、感銘を与える。そういう芸術の〝力〟のうちに、人間のエロス＝価値＝生の力の本質が表現されている。これがニーチェの芸術の本質論である。

ニーチェによれば、**これまでのヨーロッパの人間の理想は、生の矛盾と苦しみへの「反動形成」として打ち立てられてきた。**絶対的利他、禁欲主義、道徳主義、などである。**「芸術」は、これら壮大な虚偽の伽藍《がらん》に対抗する人間的力の現われ**であり、そこには、歪《ゆが》められた人間性を、本来の姿に取り戻そうとする生の本能が息づいている。そうニーチェは言うのだ。

テーマ　芸術としての「力への意志」（実存の思想）――❷

ニヒリズムの突破口は恋愛と芸術にある

ニーチェの言葉

芸術は、生を可能ならしめる偉大な形成者であり、生への偉大な誘惑者であり、生の偉大な刺激剤である。芸術は、生の否定へのすべての意志に対する比べるものなき卓抜な対抗力にほかならない、すぐれて反キリスト教的な、反仏教的な、反ニヒリズム的なものにほかならない。

（『権力への意志』）

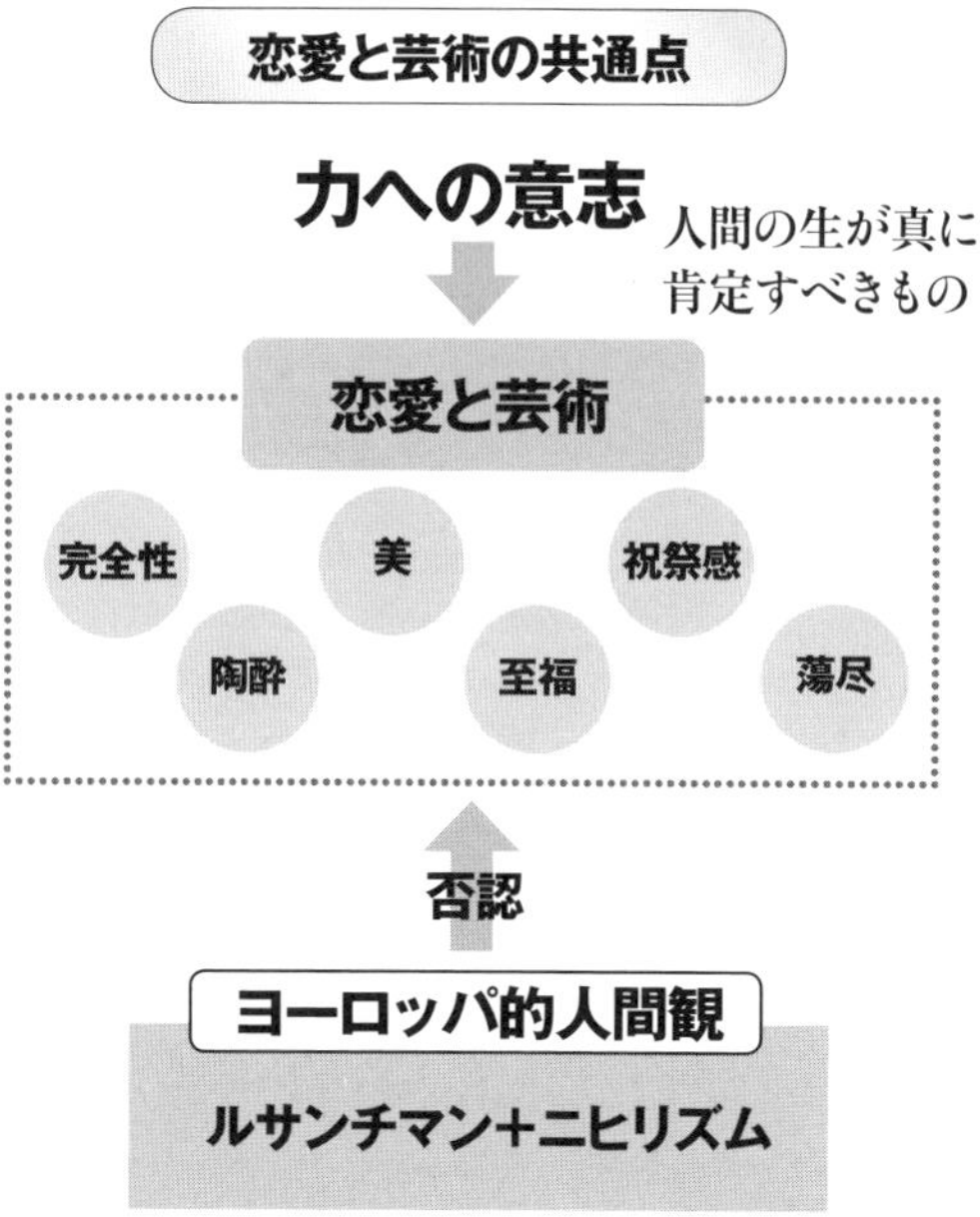
恋愛と芸術の共通点
力への意志
人間の生が真に肯定すべきもの
恋愛と芸術
完全性
美
祝祭感
陶酔
至福
蕩尽
否認
ヨーロッパ的人間観
ルサンチマン＋ニヒリズム

芸術は、ヨーロッパ的人間の価値、生の慰安、道徳主義、ニヒリズムへの対抗運動である。だが、もうひとつ大事なのは、**芸術の本質は、恋愛の本質とその水源を等しくする**、というニーチェの考えだ。

「あらゆる完全な美しいものは、あの恋されたときの状態やこの状態に特有な物の見方の無意識的な回想として作用する――あらゆる完全性、事物のまったき美しさは、恋の状態への近接によってアフロディテ的浄福をふたたび呼びさます」（『権力への意志』）。

人が幸福な恋愛において感じる、あの「完全性、事物のまったき美しさ」の感覚、どきどきさせる陶酔や至福、そして蕩尽《とうじん》の感覚。不思議なことだが、そこには人間の

ニーチェだって芸術と恋にいれあげた

生の意味を、一瞬、完全に満たしてしまうような何かがある。これがここで重要な第一の点。次に、**恋愛と芸術に共通する本質は、それがどんな「超越項」（神や絶対の観念）を必要とすることなく、われわれの生を充実させ、「意味」を与える**ところにある。これが第二の点。ヨーロッパ的人間観はそういう人間的エロスの本源的な力を長きにわたって否認してきたのだ。

さて、近代人は神を「殺害」した。だが、古い神と制度をあざ笑う人々は、じつはいまや「超越的」な信の対象を失って、新しいニヒリズムの危機にあることに気づかない。**生の明確な意味が失われたことから来るニヒリズムは、ひそかに人々の魂に巣くい、思想の新しい反動形態を作り上げる。**新しい価値定立が必要なのは、まさしくそのためだ。もしその課題を果たせなければどうなるか。ニーチェは予言する。**「すべての蒼《あお》ざめた無神論者、反キリスト者、インモラリスト、ニヒリストたち」**（『道徳の系譜』）**が世にはびこることになるだろう。**

たしかにニーチェの言うとおりではないだろうか。ほんとうに新しい、人間の生の意味と本質を指し示す哲学は、まだ始発していないのだ。

ニーチェ哲学の現代的意義

テーマ　**新しい「価値定立」の原理へ**

ニーチェの言葉

おわかりであろう、問題は苦悩の意味いかんであるということが。すなわち、はたしてキリスト教的意味なのか、はたして悲劇的意味なのかということである。前者の場合には、苦悩はあの神聖な存在にいたる道たるべきなのである。後者の場合には、存在そのものが、巨大な苦悩をもなお是認するほど十分神聖であるとみなされる。

（『道徳の系譜』）

ポストモダンの思想家たち

価値相対主義

ジャック・デリダ

ミシェル・フーコー

ジル・ドゥルーズ

ジャック・ラカン
ロラン・バルト
ジャン=フランソワ・リオタール
…etc

ニーチェの現代的意義を、どう言えばいいだろうか。

おそらく、**第一に、現代の最も本質的な新しい実存思想として。第二に、現代の最も根本的な哲学原理として。**

ヨーロッパに「ニヒリズム」が到来するというニーチェの〝予言〟は、現在、もう一度完全に新しい意味を帯びてわれわれに迫っている。現代の「ニヒリズム」はなぜ現われたのだろうか。

なぜ現代はニヒリズムの時代なのか

一九八〇年代、ヨーロッパから、ポストモダン思想が、マ

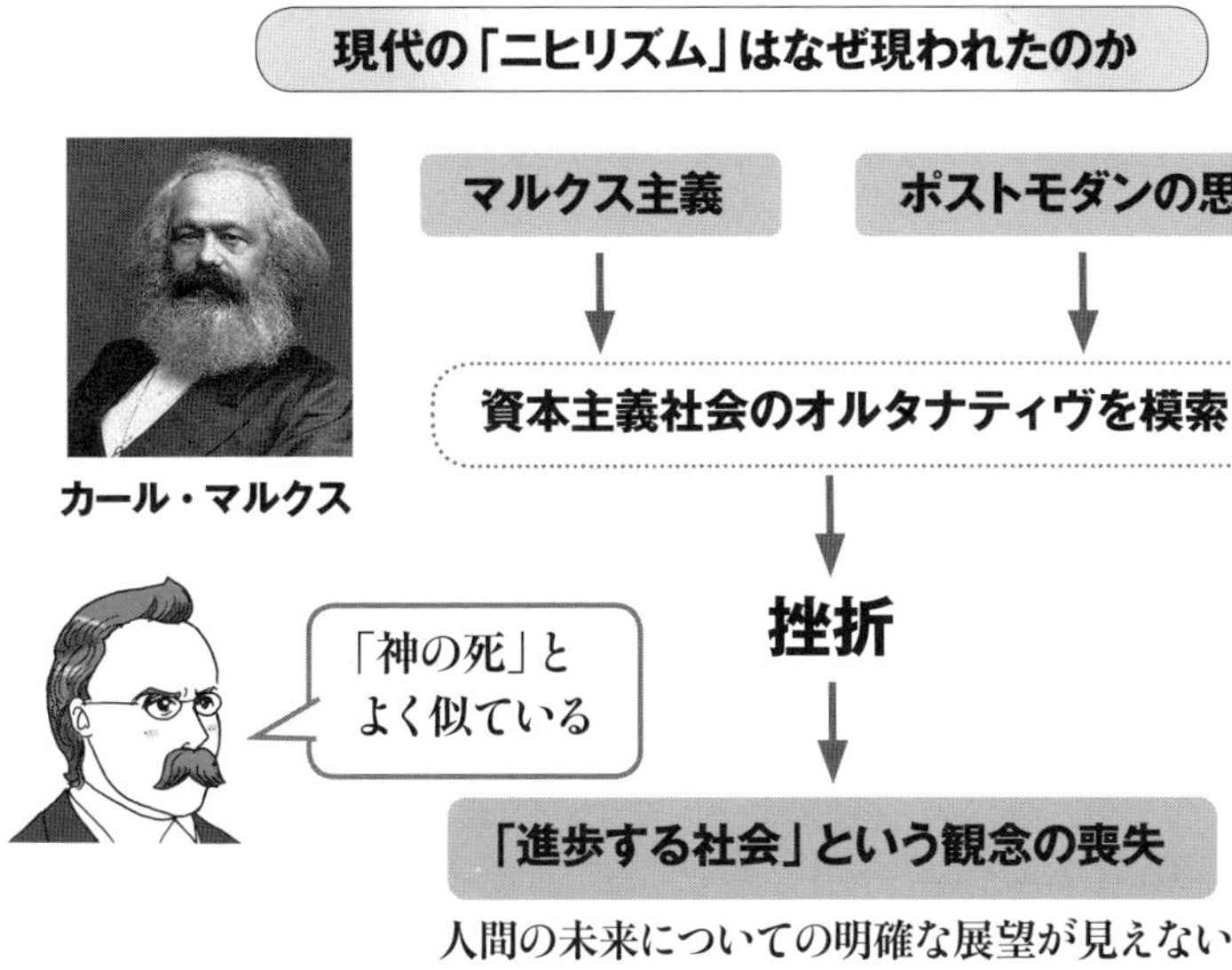
現代の「ニヒリズム」はなぜ現われたのか
マルクス主義
ポストモダンの思想
資本主義社会のオルタナティヴを模索
カール・マルクス
挫折
「神の死」とよく似ている
「進歩する社会」という観念の喪失
人間の未来についての明確な展望が見えない

ルクス主義に代わる最新の現代思想として登場した。デリダ、フーコー、ドゥルーズという思想家たちがその代表選手である。以後誰もが彼らの言葉を引用して社会について語った。**それは、価値相対主義を武器として、一切の既成の制度、権威、ドグマの正当性を相対化する、強力な批判思想として大きな役割を果たした。**

だが、ひとことで言うと、マルクス主義とポストモダン思想は、資本主義社会のオルタナティヴを探し続けたが、結局、その不可能性にぶつかって挫折した。このことで、**人間の未来について、誰にも明確な展望が見えなくなり、このことで、現代のニヒリズムが浮上してきたのだ。**これは、十九世紀のヨーロッパにおける「神の死」の状況とたいへん似ている。

二十一世紀は、キリスト教の崩壊のあと、近代人がつかんだ生の理由と意味、つまり、「進歩する社会」という観念が、もう一度失われた時代だと言ってよい。このとき、人間生活のさまざまな局面で、いわば薄められたニヒリズムやルサンチマンがにじみ出してくる。

社会の未来が見えないと、生活の意味が漠然としてくる。深い井戸がいつのまにか枯れるように、われわれの「生きること」への意欲が、知らないうちにそがれてゆく。それにど

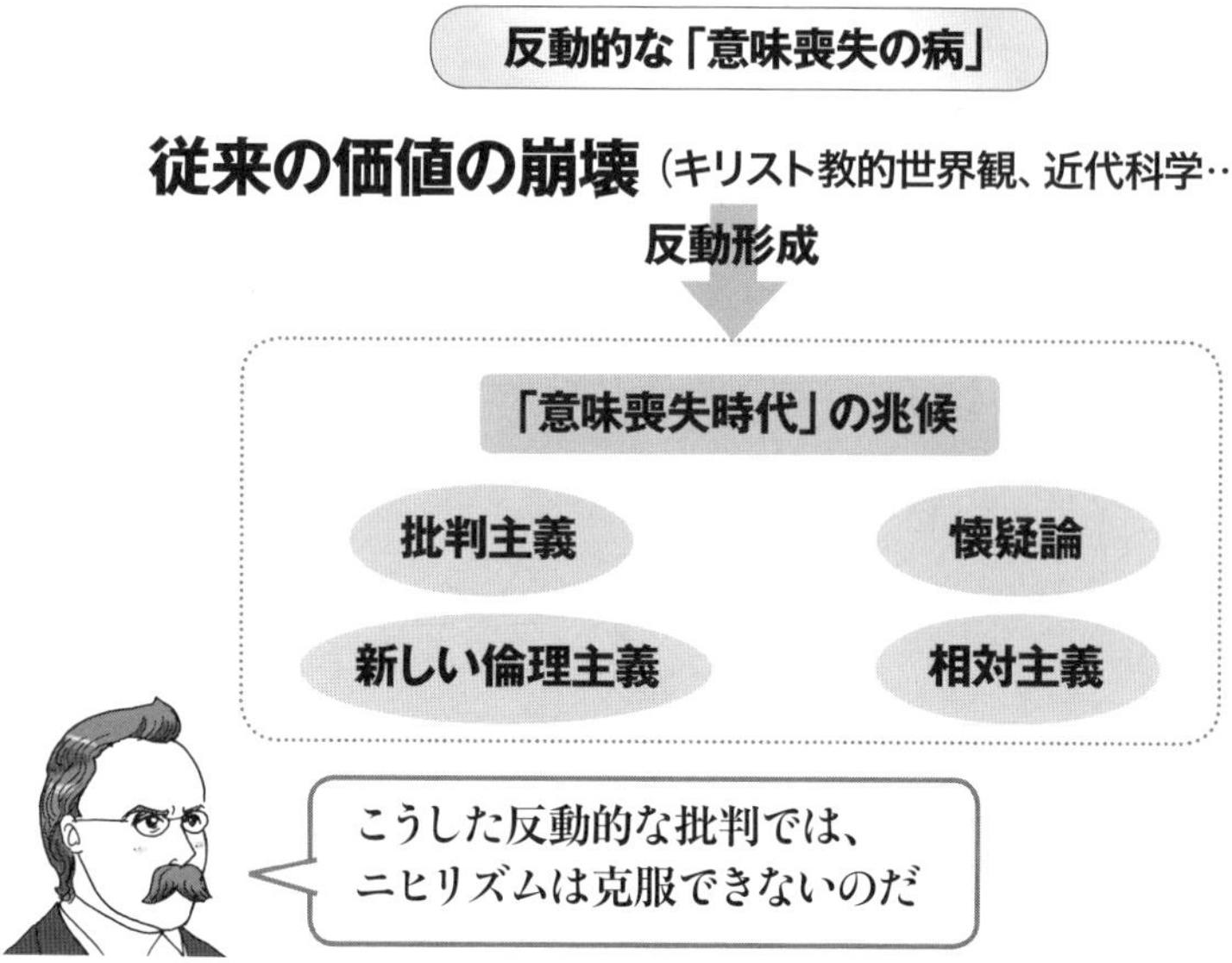

反動的な「意味喪失の病」
従来の価値の崩壊（キリスト教的世界観、近代科学…etc）
反動形成
「意味喪失時代」の兆候
批判主義
懐疑論
新しい倫理主義
相対主義
こうした反動的な批判では、
ニヒリズムは克服できないのだ

う抗うかが実存思想の重要な課題となる。

ニヒリズムを克服する唯一の道

ニーチェは言う。「**ニヒリズムを克服する唯一の道は、ニヒリズムを徹底することである**」と。これはどういうことか。

ニヒリズムやルサンチマンは、それが無意味であることを自覚することだけでは克服できない。ニヒリズムやルサンチマンには「エロス」があるからだ。

ニヒリズムは、一切の価値が無意味であるという認識によって現われるのではなく、従来の大きな価値の崩壊によって現われる。その核には、絶望と挫折感が潜んでいる。ニーチェが新しい「価値」を見出せと力説するのはそのためだ。

ニヒリズムの時代には、思想のさまざまな「反動形態」が現われる、とニーチェが言ったことを思い出そう。マルクス主義という新しい希望の原理が倒れたとき、これまでの一切の「価値」の無効性を言うポストモダン思想が現われた。それはまた、さまざまな種類の批判主義、懐疑論や相対主義、さらに新しい倫理主義を生み出した。しかしこれらが人間の価値についての根本的思想をもてないかぎり、ニーチェ的には、それは、反動的な「意味喪失の病」の兆候なのである。

ニーチェ哲学の可能性

「火を与えるプロメテウス」
（ハインリッヒ・フューガー）

プロメテウスの火（＝現代社会の矛盾）

↓

いったん是認する

ニーチェは、矛盾を認めた上で、そのなかで自分たちの生を肯定し、高揚させる「価値」とは何かを考えた

↓

新しい「価値定立」の原理

現代哲学の出発点

困難な時代に現われる思想には共通点がある。**時代のうちで信じられている一切の「超越項」（超越的価値）をいったん否認するが、価値一般を相対化するのではなく、「人間的価値」の最も深い根拠にたどろうとすること。**まさしくニーチェはそのような道を進んだ。

人間に火を与えて拷罰をうけるプロメテウスの「火」は人間の文明を象徴するが、このとき人間が「火」をもったこと自身を〝打ち消そう〟とするのが反動思想である。彼は同時代の最新思想をそう見ていた。

現代社会は矛盾に満ちているが、思想はそのことの単なる反動＝打ち消しであってはならない。現代社会の大きな矛盾の「火」をいったん是認した上で、もう一度、人間の生を肯定し高揚させる新しい「価値」の原理を創出すること。そこにニーチェは根本課題を見ていた。

ニーチェはその戦いの半ばで倒れた。しかし、彼の価値の哲学こそは、現代の哲学がそこから再始発すべき最も重要な出発点となるだろう。

Break Time

明治の熱いニーチェ

晩年のニーチェが精神を病み、療養していた最中にドイツで高まりつつあったニーチェ・ブームは、貪欲に近代化をはかっていた日本にすぐ飛び火します。明治33年（ニーチェが55歳で亡くなった年）には、ドイツ文学者の登張《とばり》竹風《ちくふう》と文芸評論家の高山樗牛《たかやまちょぎゅう》の論文によって世間一般にもニーチェが知られるようになりました。

特に樗牛は「**彼は個人のために歴史と戦えり。真理と戦えり。境遇、遺伝、伝説、習慣、統計の中に一切の生命を網羅し去らむとする今の所謂《いわゆる》科学的思想と戦えり**」と熱く紹介。ニーチェの思想は「**本能を満たして美的に生きる個人主義だ**」とたたえました。しかもここで言う本能は性欲。かなり雑な解釈ですがインパクトは絶大だったに違いありません。

その青年の熱気に少々白けたのが、大御所、坪内逍遙《つぼうちしょうよう》です。逍遙は読売新聞のおふざけコラムで「**私にも倅《せがれ》がござるが、このごろニーチエとやら本能主義とやら、恐ろしいことを聞き込んで来て、親のいふことは聞き入れ申さず、弱り切つておりますぢゃ…**」と揶《や》揄《ゆ》。ニーチェは、「**ただの半端な反動思想だから、ほんの一時の破壊力だ**」と言い放ちます。

それに対して、竹風と樗牛はただちに反論しましたが、この騒ぎで高等師範学校の教師だった竹風は、文部省から圧力がかかり、辞職に追い込まれてしまいます。

「**歴史や倫理を否定する個人主義で、善悪を超えた天才に価値をおく教師は人非人**」が、もっぱらの理由でした。

肝心のニーチェ思想を極端に解釈、誤解したままの論争でしたが、お国や時代は変われど、ニーチェには人を熱くしてしまうアナーキーな魅力があるようです。

坪内逍遙　登張竹風　高山樗牛

第5章 哲学問答――ニーチェをどう役立てるか

これこそが正義だよ
いやオレの考える正義はちがうな
金持ちやエリートはひっこめ!!
社会人にとってフェアなルールとはだな
どーせオレにはかんけーないし〜〜〜

Q1 もし、ニーチェみたいな人が身近にいたら……

藤 もし、ニーチェみたいな人が身近にいたら、ひいてしまうかも。ニーチェの「超人」という理想はあまりに高すぎるように思いませんか？

竹 ニーチェを読むと、たしかに表面的には、「うじうじせずに、積極的に前を向け」というメッセージが前に出ている。でも、ニーチェ哲学のいちばんの核心は、**ルサンチマンに陥った人間が自分をどう立てなおすかにある**と私は思うんだ。

藤 うん。私もそっちのほうが、響きます。

西 ニーチェは『悦《よろこ》ばしき知識』のなかで、「**私はいろんな物事を深く味わえるような短い習慣を愛している**」と言ってる。マイ・ブームみたいなことだと思うんだけど、ささやかな幸せを大事に汲《く》み取ろうという気持ちも、ニーチェの中にはけっこうある。

藤 窓からの風景や休暇を愛してるよね。でもニーチェの世間の受け取られ方を見ると、ポジティヴに生きようみたいな前向きなところばかりが出ている印象があるね。

西 うん、そんな感じが僕もする。

竹 文章だけ読むと、世界は強いものと弱いものとがせめぎあっていて、真理は強いものの側にあるんだというニュアンスがあるからね。でもその裏には、**ルサンチマンやニヒリズムをどう乗り越えられるか、というモチーフがあって、こちらのほうは十分受け取られていない**。でも、現代はニーチェが予言したとおりニヒリズムの時代になっているから、むしろいまは、後者の観点が重要だと思うけどね。

藤 ああ、なかなか熱くなれない時代よね。斜に構えることはできても、はっきりと目標が見えにくいというか……。

竹＝竹田青嗣　西＝西研　藤＝藤野美奈子

閉塞感もってる人多いと思う。

竹 いまの日本には、田舎から都会に出てきて豊かになるとか、欧米に追いつけ追い越せとか、そういう夢のある物語はもうない。みんながはっきりした目標を失っていて、「どうやって生きていけばいい?」と悩んでいる。

藤 **そんな状態では、いきなり「超人」として高い理想を掲げられても「燃えて勝つ人の精神論」みたいになっちゃうよね。**哲学は、自律した人よりむしろ、宙ぶらりんな人にこそ必要なわけで……。重苦しい日常に生きている人たちが、つまずいたりヘコんだりしたときに役に立つようなニーチェの読み方をしたいなあ。

西 ほんとにそうだね。**壮大な目標に向かって進め!** と**自分を叱咤激励するんじゃなくて、静かな気持ちになって自分を見つめてみる、**そんなセンス。自分はいったいどんなことを大切に思って生きてきたのか、自分の心を育んでくれたものは何だったか。『ツァラトゥストラ』読んでて、そんなことをよく考えた。

　でもさ、その前に大事なのは、ルサンチマンのままだと自分で自分をダメにしてしまう、ということがしみじみ分かる、ということだよね。でも、これが難しい。**ルサンチマンには攻撃性のエロスがあるから、ずっと浸ってしまうこともあるし。**

藤 わかる! 悪いのは私じゃない、あっちだ! そういう自己正当化って気持ちいい! ニーチェもザロメにさんざん悪態ついていたね。もだえる姿にちょっと安心した。

西 そうだね(笑)。でも、それ続けていくと、自分が腐ってしまうんだよね。

竹 そこに浸っているかぎり、自分の生というものに目を向けられない。ニーチェは仮想敵としてキリスト教を批判したけど、むしろ**自分の中の僧侶的な思考に負けるな、というのが、ニーチェから聞こえる励ましの声だよね。**強くなれというより、自分で自分を歪《ゆが》めてしまわないでがんばれ、と言っていると思う。

「強者になれ」というメッセージよりも、「いかにルサンチマンとニヒリズムを克服するか」がニーチェ思想の核心です。

Q2 ルサンチマンに気づいたからって……

(藤) ルサンチマンに気づいたからって、すぐに立ち直るのは難しくないですか？　分かっていてもやめられないのがルサンチマンだと思うんです。どうやって噛み切れば……

(西) ルサンチマンに気づいただけで、超人になれるわけじゃないからね。**ニーチェは超人の対極にあるものとして、「末人」という言葉を出している。安全や無難であることを第一に生きるような人間のこと。**いまは「こう生きればいい」という正解も、「巨人の星」みたいな夢もないから、**たいていの現代人が末人に近い**んじゃないかな。

(竹) そう、ニーチェのように特別なことをやろうとしている人でなければ、普通は誰でもみな末人だよね。

(藤) あ……なんか安心した。

(竹) もちろんルサンチマンをもったまま、末人で生きるのはつらい。**ルサンチマンを抱えた人間は、いつも「世界がこうでなければよかったのに」「世界はこうであるべきではない」という形で考えてしまうから。**

(西) ニーチェ自身もきっと思ってたよ。「ワーグナーがキリスト教に近づかなければよかったのに」とか。

(藤) あははは。後悔しない人なんてこの世にいないよね。「もしも」はいつも苦しい願いです。

(竹) そうだね。**ただ、ルサンチマンの強い人は「こうでなければよかったのに」という感情を何度でもリピートしてしまう。**ルサンチマンのルは、反復の「ｒｅ」だからね。

(藤) ルサンチマンってフランス語なんだ。負のスパイラル。

(竹) そういう人にニーチェの言葉はよく効くんだと思う。ニーチェを読んで、「そうか、自分はルサンチマンを抱え込んでいたんだ」と気づく学生が、必ずいる。

藤 自分の正当性ってなかなか崩せないから、それに気づけたら百八十度の転回よね。でも問題はそのあとなのよ。**頭で理解しても体が踏ん切りつかない**、というか。

西 **意外と注目されていないけど、そういうときにニーチェは「呪うことを学ぶべきだ」と言っている。**自分の気持ちが収まるまで「バカヤロー」って叫びなさいと。

藤 そうかー。とことん恨みや怒りを吐き出して、そんな自分見つめきって、はじめてゼロ地点に立てるもんね！

その場所は、たしかにルサンチマンから解放されてるかもしれない。でも**他人のせいにもできず、自己憐憫《れんびん》もできず、頼みの超越もない**わけで。それ以上でもそれ以下でもないダメな自分がいるだけ……。うわあこわい！ せつない！

竹 そのとおりで、ゼロ地点に立ったあと、どこへ進むかということが大きな問題で、そのことは、ニーチェと同じように考えるのは難しい。なにせ彼は哲学の価値創造という仕事に進んだからね。私の考えだと、現代社会の若きニーチェ君たちには、〝超人の道〟はあんまり勧められない。**むしろいまニーチェからとりだすべきは、われらはみんな末人だ、というスローガンじゃないかな**（笑）。

藤 畜群上等！ ですね。卑下してもしょうがないもんね。てことで、**末人に向いてるステキな生き方あります？**（笑）

竹 そう、あまりに壮大な目標を掲げると、また挫折が待っていたりする。そういう方向ではなく、**人との関係のなかで生きる悦《よろこ》びを育てていくことが大事だと思う。**生のエロスを求めるルサンチマンなきわれら末人たち、でいいんじゃないか。

西 ニーチェだって、「語り合える友人」をずっと求めていたからね。ひとりじゃなくて、仲間と受けとめ合ったり何かを一緒に作り出して生きる。それがニーチェの言う「創造性」をアップデートすることだと思うよ。

藤 そっか、ただ楽しいだけじゃない。アップデートが肝だね！「それ、いい！ いける！」を感じ合うんだね。

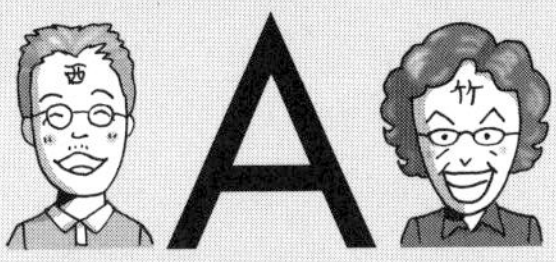

現代人はみんな「末人」です。だから、孤独な「超人」はめざさずに、仲間と語り合いながら悦びを育んでいこう。

Q3 つらい人生が永遠回帰するなんて……

藤 自分の人生がものすごく苦しい人に、永遠回帰の思想って本当に通じるでしょうか？ 正直、とても受け入れがたいと思うんですけど。

竹 永遠回帰の思想には、大きく二つの受け取り方があると思う。一つは、**自分の生が永遠に繰り返されると考え、だから決して後悔しないように生きよ**、という倫理的な命法として捉える仕方。もう一つは、**人生に一度でもほんとうにすばらしいことがあれば、苦しみを引き連れてもこの人生を繰り返すことを肯定する**、という解釈。どちらも可能だけど、私は後者のほうがニーチェの根っこだと思う。

西 倫理的な命令と考えると、息苦しいよね。

藤 うん……ただ、そういう「すばらしい体験」があればいいけど。ニーチェは「生きててよかった！」という体験、持ってた。その実感がない人に永遠回帰、響く？

竹 それは大きな問いだよね。たしかに、「一度だけでも」はレトリックだとしても、たとえば何度かはよいこともあったけれど、人生は苦しいことだらけだったという人にはどうだろう。その場合、なかなかニーチェのように肯定するのは難しい。それに、ふつう人は、幸と不幸の順序として、人生の最後が不幸だとやっぱり肯定しにくい。

藤 うん。「あのすばらしい経験があったから、いまが不幸でも、この人生、よしもう一度！」……にはならないなあ。

西 あらためて確認しておくと、永遠回帰の思想はルサンチマンの克服と深くかかわっていると思うんだ。つまり、**自分の過去のつらい出来事を呪ったり、しぶしぶ受け入れたりするんじゃなくて、苦しいことやつらいことも含めて「この人生を私は欲する」**と君は言えるのか？ と永遠回帰帰の思想は突きつけてくる。ルサンチマンの克服のために作ったフィクションだよね、永遠回帰の思想は。

竹 そのとおりで、ニヒリズムやルサンチマンの克服という課題を徹底して考えたところに、ニーチェのすごさがある。ただ、その先、他者との関係性から人生を肯定する方向については、あまり明確なことを言わずに終わってしまった感もある。そこはわれわれがニーチェから引き受けて考えるべきことじゃないかな、と思う。ただ、人間関係から豊かな悦《よろこ》びを受け取るためには、自分の中のルサンチマンをうまく殺すことが絶対条件なんだよね。

藤 よく生きるために、絶対必要になってくる土台ね。そういう話なら、いま苦しい人や苦しかった人にも届くと思う。考え方の土台を見直すことはみんなできるもの。**「我慢してきた」「もっといい人生があったかも」「親のせいだ」なんていう土台があるかぎり、進めない**いんだって。

西 **永遠回帰の思想のポイントは**、僕の考えでは**「悦びを思い出すこと」**にあると思う。ルサンチマンに満ちていると、自分の過去のうれしいことを忘れちゃってるでしょ？

人を好きになったとき、何かを作った充実感、人からほめられてうれしかったとか、どんな人でも胸がホカホカしたことってあるはずだよね。でも、恨みがましくなっていると、そんなことをすっかり忘れちゃう。

藤 わかる！ たとえば人間関係でも、すごく険悪になっているときって、悪いことばかり思い出しちゃう（笑）。よかったことを思い出せないんだよね。

西 そうそう。でも振り返れば、その友だちと一緒にいて楽しかったこともあったはず。**そんな悦びの感覚をたぐり寄せることができれば、ルサンチマンのままだと悦びを汲《く》み取れなくなる、と分かるし、「どんなふうにすれば、これから悦びを受け取っていけるかな」と自分に問えるようになるんじゃないかな。**

藤 大事なのは、そこだね！ その方向転換。悦びの感覚……、これぞニーチェの肯定感だよね!!

「永遠回帰の思想」の中心は、忘れてしまった悦びの感覚を思い出すことです。それはルサンチマンの克服にもつながります。

Q4 神がいない世界というのは……

藤 神がいない世界というのは、本気で考えるとものすごく怖いことじゃないですか?

竹 それは、まさしくこれから人類がぶつかる最大の課題かもしれない。ニーチェはそれをはっきり自覚していたと思う。ふだんあまり考えていないけれど、われわれは、**人生の意味や根拠が究極的にはどこにもないと実感したときには、大きな不安に襲われる。**ほんとうはこの生を支えるものはなんにもない、というのはわれら末人にはきつい。

藤 うん、世界に放り投げられてぞっとする。善悪もない、遠い虹色のロマンもない。

竹 ニーチェの言う「ニヒリズムの徹底」とは、そのあなぼこをくぐり抜けて先に出よ、というんだね。

藤 だから、きついんだよね。たとえばスピリチュアルって、一〇〇%、人生の意味くれるでしょ。不幸もちゃんとよい意味があるし、カルマで善悪の秩序も守られる。

西 その一方で、**実証科学の言い方がすごく強くなってる面もあるよね。**心理学や看護学のような人間科学でも「エビデンス（客観的な証拠、実験や統計のこと）がなければ科学じゃない」という感覚は強い。それに、脳科学が異常に流行《はや》って、これで人間のことは何でも分かる、みたいな風潮もある。

竹 **エビデンス主義というのは、ニーチェ的にはニヒリズムの一形態だよね。**なぜかというと、人間の問題をどう解けばいいのか分からないので、みんなが相対的に認められる数値や確率的な計算でその場をしのごうとしているから。

西 ほんとうにそうだね。医療者や科学者にも、心理学者にも、もっとニーチェを読んでほしいなあ。

藤 やっぱりみんな「確たる意味」や「確たる納得」が欲しくて、それが人によってはスピリチュアルだし、人によっては科学なのね。科学って「納得できる」値だからね。**昨今ニーチェが流行るというのも、そういう確固たるモノサシが欲しいことの現われじゃないかな。**

竹 哲学的には、スピリチュアルは共同の迷信だし、実証主義はいつでも平均値にすぎない。だからいつかそれは露呈される。どちらも、その根拠の虚妄がはっきりして信じられなくなると、またニヒリズムが起こって自分をスポイルする。**その悪循環を超えるには、ニヒリズムを徹底するしかないというのが、**ニーチェのメッセージだよね。

藤 徹底か……。理不尽な現世を嘆いたり無理に意味づけたりせずに、いったん徹底的に受け入れるってことね。でも、**祈ることもできないなんて、すごくつらい世界**。ツァラトゥストラも、神なき世界の喪失感をものすごく恐れてた。これ受け入れるの末人にはハードル高すぎるよ。もう少し、優しいメッセージってないのかな。

西 たとえばツァラトゥストラは「**超人のために没落する人を、私は愛する**」と言うけど、これ、ヒントにならないかな。それぞれの人が自分なりの試みをする。結果がダメでもいい。そうした試行と想いをまた誰かが受け継いでいくと思えれば、絶望しないで生きられると思う。

藤 生きられる！　いま私も、大好きな漫画家の先生が描いた本が宝物だものね。好きな曲も全部人の作ったもの。味わうと、元気でるよ。ニーチェもたぶん先人に感動して、今度は自分が、という気持ちで本を書いてたんだろうなあ。人の創造性を信じて、次世代に向けて書いたんだよね。

西 うん、贈り物という気持ちはあったと思うよ。

竹 超人たろうとがんばっている人に憧れるのも一手だ、とニーチェも言っている。**「ああいうふうに生きたい」という思いは、それを絶対的なものとしなければ、生きる意欲につながるからね。**

自分の想いや活動を誰かが受け継いでくれると思えば、絶望しないで生きられます。

Q5

現代の哲学に求められていることは……

藤「生き甲斐がみつけられない」「将来が不安」そんな末人だらけの現代に、ニーチェ後の哲学は何を求められていますか？

西 いまの時代、哲学者はとても大事なものになっていると思うよ。**だって、哲学は「理念を再構築して共有しようとする営み」だからね。**教育でも社会政策でも、「ここが一番大事な点だ」ということを哲学的にハッキリさせることができれば、人々の活動には「柱」ができるでしょう。こういう努力がないと、ニヒリズムは超えられないと思う。

藤 柱のない議論って不毛だもんねえ。「いろんな考え方がありますね。おわり」になっちゃう。

竹 たぶん、西さんや私は思想というものの普遍性を信じてるんだ。もっと言えば、「**超越的なもの**」のもともとの**正体は、普遍性ということ**なんだと思う。

藤 そうか。**神と思想の普遍性は一見対立してるけど、人間の中で出どころはいっしょ**だよね。

竹 「超越的なもの」というのは、もちろん何か絶対的な存在じゃなくて、どこかに普遍的なものがあるはずというわれわれの暗黙の〈信〉から出てきたものなんだ。

西 **「ほんとうによいものや大事なものがあるよね」**という**思いを育むこと、つまり普遍性を育むことがないと、絶望してしまうよね。**

藤 普遍性は人とつながってることを感じる原動力でもあるよね。皆でいいものを信じられる世界はほっとする。

西 でも、ニーチェから大きな影響を受けているポストモダンの思想には、普遍性という観点はなかった。ルサンチマンを排撃してどんどん高揚せよ、それを阻むようなあらゆる社会制度を打ち砕け、というアジテーションはあったけど、「これは大事な点だよね」と相互に確かめ合っていく感度はない。

藤　既存の価値に縛られたくないのはわかるけど……。普遍的価値なんてない、ってなると、きついかも。

竹　**ニーチェは旧来の価値を相対化して壊すだけじゃなくて、新しい価値の原理を考えようとした。**そこが大事で、たとえば、永遠回帰の思想の根っこにあるのは、「力の思想」だよね。つまりそれは、人間の価値の源泉がどこから出てくるかについての根本的探究なんだ。これまで価値の源泉は「聖なるもの」にあるとされ、ほかの考えはなかった。ニーチェはそれをまず生き物の肉体の生きる力から取り出して、これまでの一切の「超越的」なものから切り離した。

藤　**「力の思想」って、どんな生命体にも「より強く生きよう」という方向がある**ということでしょ。

西　そう。もっと高揚したいとか元気になりたいとかね。

竹　「強く」というと弱肉強食のニュアンスがあるので、「強く」というより「エロス的に」という感じ。さっき「力の思想」は生き物の肉体から出発したと言ったけど、ニーチェは最後にそれを、人間の恋愛や芸術の高揚の力に結びつけている。単なる「強くなる」じゃない。

藤　「もっともっと！　楽しく！　素敵に！」という感じね。

竹　「力の思想」をそういう人間の価値の理論として考えた点こそ、ニーチェのすごいところだと思う。

藤　つまり「よい、悪い、美しい、醜いがどこからやってくるのか」の普遍的答えね。ギリシャ哲学からの問答だけど、ニーチェの答えはやっぱり画期的なんだね。

西　**普遍的な価値の原理を取り出して、「なるほどそうだよね」って皆が納得できれば、個々人の生き方や社会の方向も変わるはず。**これこそが、哲学の仕事だと思う。

竹　だから、価値相対主義のニーチェではなくて、**新しい価値の原理を作ろうとしたニーチェを受け取って、われわれはその先へ進まないといけない。**

相互了解の可能性や普遍性を信じて、新しい価値の原理を作っていくことです。

あとがき

哲学者の西研さんとはすでに多く共著があるが、今回は、マンガ家の藤野美奈子さんと三人のコラボになった。

西さんの永遠回帰論と超人論は、TV放送でも話題を呼んだが、明快かつ鮮やか、現代人の心の処方箋になると思う。藤野マンガも、西・竹田のニーチェ解説の単なる「絵物語」ではなく、独自のニーチェ解釈を出している。恋愛の絶望と哲学との格闘によって鍛え直された永遠回帰。なるほど、と納得する。それぞれが自分のニーチェにもういちど向き合えた気がする。

西洋近代哲学の根本テーマは、「神」、世界の「存在」、「真理」をめぐっていた。ニーチェは、これを完全に「人間」におきかえた。つまり哲学は、彼以後はじめて、「超越的なもの」を離れて、人間の生についての徹底的な思考になった。そこがニーチェ哲学の真髄だ。読み直すたびに、その思考のすごさに感服する。

二十一世紀の哲学は、もういちどニーチェから再始発できるか。いま、そのことを考え中である。

竹田青嗣

今回、ニーチェの文献や書簡の断片を一つ一つパズルのように組み立てながら、彼の人生を追いました。「(僕には究極の哲学があるのだから)(つらい)体験を最高級の黄金に変える」「こんな目的がなかったら、僕は生きていけない」。そんな言葉を拾ううちに、ニーチェの考え方や実感がひしひしと伝わってきました。彼は『ツァラトゥストラ』を、自分の哲学を信じ自分を励ましながら必死で書いていました。

ニーチェの人生肯定はただの「人生前向きに！」ではなく、「とことん突き詰めたら、こう考える以外、生をよくする道がない」という確信の叫びです。その宝を胸に一人真っ直ぐ不器用に生きた。周りがひいちゃうほどに。

もし今後、私につらいことがあったら彼の哲学は役に立つでしょう。でも何より「ニーチェの生への想い」に時を超えて慰められると思う。約百年前に全力で神に頼らず人生を愛そうとした人がいた。切なく懐かしい深夜十二時の鐘の音が、皆さんの生にも届きますように。

藤野美奈子

著者紹介

竹田青嗣（たけだ・せいじ）

1947年生まれ。早稲田大学国際教養学部教授。哲学者。現象学、プラトン、ニーチェをベースに、哲学的思考の原理論としての欲望論哲学を展開。主な著書に『自分を知るための哲学入門』（ちくま学芸文庫）、『ニーチェ入門』（ちくま新書）、『現象学入門』（NHKブックス）、『超解読！ はじめてのフッサール「現象学の理念」』（講談社現代新書）など多数。［思想解読（1、2、4章）、5章］

西 研（にし・けん）

1957年生まれ。東京医科大学教授。学生時代から小阪修平、竹田青嗣らと哲学の勉強会を続ける。哲学を一人ひとりが深く考えるための技術として〝再生〟することをたくらんでいる。主な著書に『ヘーゲル・大人のなりかた』（NHKブックス）、『実存からの冒険』『哲学的思考』（ちくま学芸文庫）など多数。［思想解読（3章）、5章］

藤野美奈子（ふじの・みなこ）

1962年生まれ。共感を呼ぶ些細な日常を描いたコメディ漫画やエッセイの本を出版。哲学にはまって10年、哲学の実用性を身にしみて感じる日々で、哲女体質も年々高まっている。作品に『新婚合宿』『考えることで楽になろう』［協力＝西研］、『大人の失恋反省会』（すべてメディアファクトリー）、『ぷちやまい』（幻冬舎）など多数。［マンガ、イラスト、Break Time（文・イラスト）、5章］

［執筆協力者］

小井沼広嗣（こいぬま・ひろつぐ）

1979年生まれ。法政大学文学部非常勤講師。専攻は哲学・倫理学。［年表、ガイダンス、著作案内（1章）］

山竹伸二（やまたけ・しんじ）

1965年生まれ。著述家。著書に『「認められたい」の正体』（講談社現代新書）、『不安時代を生きる哲学』（朝日新聞出版）など。［年表、ガイダンス、著作案内（2章）］

苫野一徳（とまの・いっとく）

1980年生まれ。日本学術振興会特別研究員(PD)。専攻は教育学・哲学。著書に、『どのような教育が「よい」教育か』（講談社選書メチエ）など。［ガイダンス、著作案内（3章）］

石川輝吉（いしかわ・てるきち）

1971年生まれ。哲学者。著書に『カント 信じるための哲学』（NHKブックス）、『ニーチェはこう考えた』（ちくまプリマー新書）など。［年表、ガイダンス、著作案内（4章）］

引用・参考文献

『ニーチェ全集』（白水社）、『ニーチェ全集』（ちくま学芸文庫）、ニーチェ『ツァラトゥストラ』（手塚富雄訳・中公文庫）、『ニーチェ事典』（弘文堂）、西尾幹二『ニーチェ（第一・二部）』（ちくま学芸文庫）、山崎庸佑『人類の知的遺産 ニーチェ』（講談社）、渡辺二郎・西尾幹二編『ニーチェ物語』（有斐閣ブックス）、イーヴォ・フレンツェル『ニーチェ』（川原栄峰訳・ロロロ伝記叢書）、ディートリヒ・フィッシャー＝ディースカウ『ワーグナーとニーチェ』（荒井秀直訳・ちくま学芸文庫）、清水真木『ニーチェ』（講談社選書メチエ）、リュディガー・ザフランスキー『ニーチェその思考の伝記』（山本尤訳・法政大学出版局）、E・プファイファー編『ニーチェ・レー・ルー』（眞田収一郎訳／解説・未知谷）、ルー・アンドレーアス・ザロメ『ルー・ザロメ回想録』（山本尤訳・ミネルヴァ書房）、ヴェルナー・ロス『ルー・アンドレアスーザロメ』（立花光訳・リーベル出版）、竹田青嗣『ニーチェ入門』（ちくま新書）、西研『ニーチェ ツァラトゥストラ』（NHK出版）
*引用は上記の文献をもとに、適宜改訳致しました。

装幀　石川直美（カメガイ デザイン オフィス）
本文デザイン　タイプフェイス（義江邦夫）
編集協力　株式会社アルク出版企画　斎藤哲也
編集　鈴木恵美（幻冬舎）

知識ゼロからのニーチェ入門

2012年 10月10日　第1刷発行

著　者　竹田青嗣　西 研　藤野美奈子
発行人　見城　徹
編集人　福島広司
発行所　株式会社　幻冬舎

〒151-0051　東京都渋谷区千駄ヶ谷4-9-7
電話　03-5411-6211（編集）　03-5411-6222（営業）
振替　00120-8-767643
印刷・製本所　図書印刷株式会社

検印廃止

ISBN978-4-344-90259-6 C2095
Printed in Japan
幻冬舎ホームページアドレス　http://www.gentosha.co.jp/
この本に関するご意見・ご感想をメールでお寄せいただく場合は、comment@gentosha.co.jp まで。